4차 산업혁명 미래전략보고서

포스코·GE·지멘스는 어떻게
4차 산업혁명을 준비하고 있는가?

4차 산업혁명
미래전략보고서

The 4th industrial revolution Strategy Report

김민규 지음

서문

미래의 속도를 바꾸는 4차 산업혁명

최근에 인공지능을 활용한 몇몇 사건들은 그동안 세상의 변화를 주의 깊게 관찰하던 사람들에게 큰 충격을 주었다. 아마 기술의 진보성보다는 속도 때문일 것이다. 1950년대 컴퓨터가 처음 나왔을 당시에도 지금처럼 일자리 상실을 운운하며 온갖 호들갑을 떨었다. 하지만 곧 사람들은 그것이 기우에 불과하다는 사실을 알아차렸다. 아무리 컴퓨터가 발전하더라도 예측하지 못한 상황까지도 지혜롭게 대처할 수 있는 인간의 사고를 따라잡지 못한다는 사실을 알게 되었다. 하지만 지금은 다르다. 비록 특정 분야에 인공지능, 빅데이터 등의 기술을 적용해 본 것이지만, 그것을 옆에서 바라보던 사람들은 지금의 인공지능 수준이라면 얼마 지나지 않아서 인간 수준으로까지 진화할 수 있겠다는 확신을 가지게 되었다. 지금까지 예측해 온 미래의 기술 속도를 전면적으로 재수정해야 하는 상황이 온 것이다. 사람들은 곧 다가올 다음 세상의 패러다임을 4차 산업혁명이라 부르며 완전히 바뀔 새로운 산업의 판을 디자인하기 시작하였다.

그동안 꾸준히 축적해온 기술들이 모여 폭발하기 시작

1990년대 중반 전산학을 공부한 나는 당시 인공지능의 한계를 누구보다 잘 알고 있었다. 신경망 알고리즘을 프로그래밍하려 해도 데이터를 확보하기가 쉽지 않았고, 설사 확보한다 하더라도 1GB 하드디스크나 2MB 용량의 플로피디스크로는 많은 데이터를 담을 수조차 없는 현실이었다. 더군다나 CPU나 그래픽 카드의 성능도 너무 낮아 한 번 실행하는 데도 몇 시간씩 기다려야 하는 열악한 환경이었다. 하지만 20여 년 동안 IT 기술은 각자의 영역에서 소리 없이 빠른 속도로 발전해 왔다. 인터넷 컴퓨팅 기술은 네트워크가 세상 곳곳에 연결되고 분산 컴퓨팅이 더욱 발전하면서 인터넷상에서 발생하는 많은 데이터를 빠르게 처리할 수 있게 되었다. 모바일 기술은 아이폰의 등장으로 하드웨어 기술과 더불어 SNS, 유튜브 등 소프트웨어 확산으로 개인으로부터 발생하는 엄청난 데이터를 처리할 수 있는 빅데이터 분석 기술의 발전으로 이어지게 된다. 또한, 게임 산업의 꾸준한 발전으로 소형화되어 가는 하드웨어에서도 뛰어난 그래픽과 빠른 속도로 게임을 할 수 있는 CPU, GPU의 성능 또한 급속히 발전하게 된다. 이러한 백그라운드 기술이 인공지능을 만나면서 폭발하게 된 것이다. 알파고 경기에서 봤듯이 한국에서 바둑 대국을 하였지만 모니터만 있을 뿐이고 미국 중부의 데이터 센터에서 빅데이터 분석을 통해 최종 판단을 한 후, 한국과 결과를 주고받으면서 대국을 진행하였다. 이를 통해 앞으로 4차 산업 현장에서 발생하는 엄청난 데이터를 처리할 수 있겠다는 기술적 수준을 확인하였고, 굳이 해당 지역에 컴퓨터가 있지 않아도 인터넷만 있으면 어디서든 분석이 가능하다는 사실 또한 알게 되었다. 하지만 무엇보다도 중요한 것은 이러한 백그라운드 기술을 통해 인공지능이라는 오래전부터 인간의 추론 능력을 모방하기 위한 노력이 현실로 되었다는 점이다.

새로운 문제를 만들어 풀어야 하는 시대

지금까지 인류는 전기, 내연기관 등 아날로그 산업혁명의 패러다임 속에서 제조의 기계화, 자동화 수준을 높이기 위한 노력을 꾸준히 해왔다. 그 과정을 통해서 상당 부분의 문제들이 나오게 되었고, 우리는 문제를 잘 푸는 방법에 관해 열심히 배워 왔다.

하지만 4차 산업혁명 시대가 되면 완전히 상황이 달라질 것이다. 기존 프레임에서 문제를 풀어온 방식은 더 이상 쓸모없게 되고 스스로가 새로운 문제를 만들어 내야만 하는 시대로 바뀌게 될 것이다. 따라서 새로운 시대에서 요구하는 개인 또는 기업의 필살기는 문제 해결 능력보다 새로운 문제를 만들어 내고 정의할 수 있는 기획력이 될 것이다. 이는 아직까지 많은 기업이 4차 산업혁명을 준비한다고는 하지만, 문제를 제대로 정의하지 못한 채 기존 문제만을 열심히 풀다가 결국 과거의 프레임 안에서 뱅뱅 돌다 딜레마에 빠지는 현상에서도 알 수 있다.

그러면 4차 산업혁명 시대에 필요한 기획력이란 우선 고정관념을 탈피하여 미래의 일하는 모습을 그릴 수 있어야 하며, 그렇게 창출한 스토리를 바탕으로 '콘셉트를 어떻게 잡아야 하는지? 필요한 기술이 무엇인지? 프로세스는 어떻게 설계해야 하는지?'를 스스로 그려낼 수 있는 힘을 말한다. 새로운 판을 기획하고 있는 미국, 독일 등의 글로벌 리더들은 이러한 기획력으로 무장한 GE나 지멘스 등의 기업을 앞세워 미래 공장에서 일하는 모습을 상상하고 그대로 구현하기 위해 신기술을 총동원하고 있다. 즉, IoT, 빅데이터, AI 등의 신기술을 기업 도메인 지식과 결합하여 공장 스스로가 진단하고 판단할 수 있는 스마트 팩토리를 시작으로 헬스케어, 물류, 의료, 무인차 등 전 산업 분야로 뻗어가기 위한 마스터 플랜을 세워 실행에 옮기고 있다.

4차 산업혁명을 선도하고 있는 두 마리 공룡

새로운 산업 시대를 남들보다 먼저 감지하고 있는 두 마리 공룡 GE와 지멘스는 100년이 훨씬 넘도록 생존하면서 엄청난 몸집에도 불구하고 변화에 매우 민첩하게 대응하고 있다. GE는 "2020년까지 소프트웨어 톱 10 기업이 될 것"이라고 선언하며 기존 하드웨어 중심의 기업 구조를 탈피하기 위해 산업인터넷 IIoT 이라는 새로운 판을 만들고 있다. 이 판은 발전 설비, 의료기기, 태양광 및 풍력발전 등 모든 산업의 장치들을 연결할 수 있도록 구성되어 있으며, 연결된 통로로 들어온 모든 데이터는 프레딕스라고 하는 분석 엔진을 거쳐 가치 있는 정보로 재탄생하게 된다. 기계나 장치들은 자신들에게 발생하는 문제들을 프레딕스의 도움으로 스스로 해결할 수 있다.

GE는 이러한 기술 전략으로 지금까지 미국 중심의 IT 기술판을 이어받아 계속 발전해 나가려 한다.

한편 지멘스는 기존에 있던 전통적 제조업의 자동화 시스템 공장, 발전, 교통 등에 디지털 신기술을 융합해야 한다는 것이 그들의 문제 해결 방법이다. 지금까지 설비나 장치의 수명주기를 관리하기 위한 PLM Product Lifecycle Management 시스템에 IoT 기술을 융합하여 모든 제조 장치에 연결할 수 있도록 구현하였다. 또한, 대량의 데이터를 분석하기 위해 자체 개발한 마인드 스피어를 활용하여 설비의 품질 관리뿐만 아니라 수명 예지까지 자동화할 수 있는 수준으로 발전하고 있다. 지멘스의 이러한 노력은 스마트 팩토리라는 성공 모델을 기반으로 점차 타 산업으로 확산해 나가는 전략을 취하고 있다. 이는 GE처럼 글로벌 모든 산업에 적용 가능한 큰판을 먼저 만들어 놓고 시장을 공략하는 전략과는 구별된다. 하지만 분명한 것은 두 기업 모두 자신들이 만든 디지털 산업 모델이 곧 다가올 4차 산업혁명에 글로벌 표준이 되길 원하고 있다는 사실이다. 이를 위해 GE는 큰 것부터 작은 것으로 모든 역량을 집중하여 빠르게 좁혀가고 있고, 지멘스는 작은 것부터 큰 것으로 느리지만 힘차게 확산해 나가는 전략을 구사해 나가고 있다.

새로운 판을 만들고 있는 또 다른 공룡, 포스코

철강석 등 소재의 성질을 변화시켜 제품을 생산하는 대표적인 프로세스 산업인 포스코의 철강 제조 공정은 고열 작업이 많고 고속·고압 생산 조건에서 연속으로 제품을 생산하는 설비들로 가득 차 있다. 1990년대 말부터 2000년대 초까지 포스코는 PI Process Innovation 1기, 2기를 추진하면서 제철소 생산 및 조업 프로세스를 자동화하였고 ERP를 도입하여 결산 체계를 획기적으로 개선하였다. 이후 공장 자동화에 머물지 않고 전체 제철 공정을 21세기형 스마트 공장으로 바꾸는 작업을 이미 시작해 설비, 품질, 에너지 등 모든 분야를 스마트 공장으로 바꾸는 포스코 스마트화를 2018년까지 완성할 계획이다. 포스코가 추구하는 미래형 제철공장인 스마트 팩토리 Smart Factory는 공장 설비에 설치된 사물인터넷 IoT; Internet of Things 센서를 통해 데이터를 실시간 수집하고, 이를 기반으로 목적에 맞게 스스로 가동하는 공장을 말한다. 수집된 데이터는 설비 상태를 실시간 진단하고 예측하는 데 활용하여, 안정적인 생산 환경을 유지하고 설비 수명도 연장할 수 있다. 2017년 2월 포스코 CEO는 포스코형 4차 산업혁명 리더 기업인 미국 GE와 독일 지멘스를 각각 방문해 포스코형 스마트 팩토리 및 디지털 기업으로의 변신 등을 협의하였다. 이후 포스코는 GE의 4차 산업형 큰판을 만들어 내는 전략과 지멘스의 탄탄한 기술 검증을 통한 실행력을 우리 것으로 흡수하였다. 또한, CEO 직속의 미래성장위원회가 신설되어 그룹사 전체가 디지털 기업으로 도약하기 위해 스마트 프로젝트를 함께 추진해 나가고 있다.

CONTENTS

서문 ··· 5

SECTION 1 주어진 문제를 풀던 시대에서 문제를 정의해야 하는 시대로

CHAPTER 1 4차 산업혁명은 기획력이 핵심이다 / 17

01 불확실성이 더욱 가속화되고 있는 21세기 ························· 19
02 혁신자의 딜레마 ·· 23
03 4차 산업혁명은 목적이 아닌 전략이다 ······························ 29
04 창의적 기획력이 더욱 필요한 시대 ···································· 34
05 Big Why로부터 Big Picture를 그려라 ······························ 41

CHAPTER 2 미래 동향에 대한 확고한 지론이 필요하다 / 47

01 자신만의 프레임을 준비하라 ·· 49
02 4차 산업혁명 기반 IT 기술을 먼저 통찰하자 ····················· 53
03 사물인터넷(IoT)은 연결보다는 융합 ··································· 59
04 빅데이터는 스몰데이터부터 먼저 알자 ······························· 65
05 AI에 대한 우리의 기대는 성능 아닌 속도이다 ···················· 72

SECTION 2 문제를 다르게 만들어 내고 있는 기업

한계비용 제로를 목표로 하는 전략 추구 ·············· 81

CHAPTER 3 **새로운 판을 만들어서 새로운 문제를 만들어 내는 기업 (GE) / 87**

01 사물인터넷으로 새로운 판을 전개 ·············· 88
02 Apps가 핵심이라는 것을 알고 있다 ·············· 94
03 APM을 통한 GE의 전략은? ·············· 100
04 GE의 Digital Twin 개념을 알아야 한다 ·············· 106
05 GE 스토어를 통해 집단지성을 활용 ·············· 112
06 최고의 인재를 영입하는 전략 ·············· 117

CHAPTER 4 **기존 인프라를 4차 산업혁명에 최대한 활용하는 기업 (Siemens) / 121**

01 자신들이 팔았던 설비를 이제는 센서로 활용 ·············· 123
02 제조의 서비스화에서 디지털화로 전환 ·············· 129
03 디지털 솔루션의 핵심인 마인드스피어(Mindsphere) ·············· 135
04 내부 전문가를 육성하는 전략 ·············· 142
05 GE와 지멘스의 좋은 DNA만 배우자 ·············· 148

| SECTION 3 | 포스코는 문제를 만들어 내는 기업으로 변신 중 |

CHAPTER 5 **누구보다 문제를 잘 풀던 회사의 새로운 고민 / 157**

01 새로운 판을 만들기 시작 ··· 159
02 미래 지향적인 시나리오 기반의 Big Picture ························· 165
03 미래 경쟁력을 프레임화 하라 ·· 174
04 새로운 도전 ·· 182

CHAPTER 6 **혁신 기업에서 스마트 기업으로 / 189**

01 그동안 혁신 축척이 새로운 밑거름······································ 191
02 4차 산업혁명은 새로운 기회 ··· 198
03 Automation, Smartization, Smart Solution ······················ 205
04 PosFrame은 스마트 POSCO의 성장 엔진··························· 211

CHAPTER 7 **Smart Solution을 만들어라 / 217**

01 4차 산업혁명은 기업과 개인의 격차를 더욱 크게 만든다 ······ 219
02 융합하고 공유해야 살아남는다 ·· 224
03 이제는 제품에 기술까지 팔아야 한다································· 229

맺음말 ·· 236

주어진 문제를
풀던 시대에서 문제를
정의해야 하는 시대로

CHAPTER 1

4차 산업혁명은 기획력이 핵심이다

CHAPTER 1

불확실성이 더욱 가속화되고 있는 21세기

최근 일본의 자존심인 도시바가 기업 위기에 직면하였다. 아니 몰락의 길에 들어섰다는 표현이 맞을 거 같다. 143년 역사에 일본 최초의 가전 제품 생산업체라는 명성이 이제는 외국 선진 기술 모방만을 추구한 회사, 경영층의 무능한 의사결정 체계 등 좋지 않은 수식어로 마감을 해야 할 상황에 처해 있다. 전문가들은 이번 실패의 가장 큰 요인을 시장을 공략할 수 있는 미래 대응력이 약해진 것으로 입을 모으고 있다. 시대를 제대로 읽지 못했다는 의미이다. 한때 모바일 기술 발전을 가장 빠르게 수용하여 세계 최초로 노트북을 만들고 1990년대 세계 시장을 석권하기도 하였다. 하지만 2000년대 초반 미래 디지털 환경에 대한 경영층의 이해 부족으로 전자 산업에서 후발 주자로 밀려났다. 이후 원전이라는 단기 실적 중심으로 투자한 것이 결정적인 위기로 몰아갔다.

우리는 오래전 전기를 에너지원으로 한 산업 시기를 거쳐 3차 산업혁명이라고 할 수 있는 IT 기술 판이 형성되기까지를 생산성의 시대라 불렀다. 이 오랜 기간 동안은 제품의 생산성 향상과 이를 통한 가격 경쟁력 확보가 인류의 최대 프로젝트였다. 신기술을 활용한 혁신 활동도 기업 입장에서 중요했지만 거대한 기술 판은 형성되지 않았다. 즉, 제품 기술 혁신보다는 내부 프로세스 혁신이 기업의 경쟁력 확보에 가장 효과적인 방법이었다. 포드Ford가 처음 도입한 컨베이어 벨트가 100년이 넘은 지금까지도 생산성 향상을 위해 인류가 발명한 가장 위대한 발명품으로 여겨져 온 것을 보면 알 수 있다. 또한, 이 시대에는 열정을 가지고 노력하면 누구든 따라잡기가 가능하였다. 왜냐하면, 세계화의 물결로 선진국의 기술이 자연스럽게 개발도상국으로 흘러서 들어가고, 프로세스 중심의 산업은 시작과 끝이 있으므로 대부분의 일이 예측 가능하였기 때문이다.

 1980년대 후반에 본격적으로 IT 기술 판이 등장하면서 기존까지의 생산성 패러다임이 변화하기 시작하였다. 이 시기의 최대 프로젝트는 대량으로 제조가 가능한 생산 경쟁력이 아니라 그 제품 또는 서비스가 가지고 있는 정보와 지식의 활용이었다. 이러한 기회를 가장 먼저 잡은 미국과 마이크로소프트, 야후 등 미국 기업들이 IT 산업 세상을 주도해 나갔다. 이로 인해 1990~2000년의 미국 평균 경제 성장률이 4%대에 육박할 정도로 긴 호황을 누렸다.

 하지만 문제는 약 10년의 IT 호황기를 거치면서 기존 생산성 시대에 오랫동안 노력해서 만들어 놓은 아날로그 시스템들이 IT 기술이 담긴 정보 시스템으로 급하게 변화되면서 더 이상 안전하고 안정적이지 않게 됐다는 점이다. 인터넷을 통해 세상과 연결되면서 복잡성과 상호 의존성이 높아지고, 모호함도 많아지면서 예측하지 못했던 일들이 벌어지는 상황이 비일비재하게 되었다. 이러한 IT 기술 판은 2000년 닷컴 버블을 정점으로 서서히 내려왔으나 아직까지도 새로운 기술 판이 본격적으로 우리 앞에 모습을 드러내지는 않고 있다. 단지 어렴풋이 보이는 새로운 패러다임을 우리는 4차 산업혁명이라 부르고 있다. 이러한 새로운 시대의 가장 큰 특징은 기존 불확신한 변화 모습이 엄청난 속도와 파급력을 드러낼 것이라는 사실이다. 노벨화학상을 수상한 일본 나고야대학 노요리 료지 교수는 4차 산업혁명에 대해 "과거 산업혁명과 비교해 변화 속도가 10배는 빠르고, 규모는 300배 크며, 그 임팩트는 3,000배에 달한다."라고 말하였다.

무엇보다 우려되는 것은 현재의 사회나 산업 시스템이 구조적으로 이런 상황에 대처하기 어렵게 되어 있다는 점이다. 대부분의 커다란 기업이나 조직들은 거대하고 복잡하지만, 분명 주어진 문제는 잘 풀어낸다. 지금까지 그렇게 훈련해 왔고 문제 해결을 위해 가장 빨리 달려가는 방법도 잘 알고 있다. 하지만 문제를 만들어 내는 능력은 너무나 부족하다. 불확실성이 지배하는 시대에서는 스스로 문제를 정의하고 도전적인 프로젝트를 실행할 수 있어야 한다. 과거에는 사다리를 오르듯이 모두가 예측 가능한 형태의 앞날을 보면서 전진했지만, 앞으로는 상상 못할 속도로 새로운 것들이 등장하고, 이것들을 배우고 적응하지 못하면 안 되는 압박에 시달릴 것이다.

4차 산업혁명은 그동안 오랫동안 일해서 얻게 된 교훈과 기술이 지배하던 시대와는 전혀 다른 세상이다. 영속할 것 같던 규칙들도 깨질 것이다. 모든 것을 의심하고, 새롭게 생각해야 한다. 더 이상 명확하게 규정된 비즈니스 모델이란 존재하지 않기 때문에 산업과 산업 사이의 경계를 무너뜨려야 하며, 무엇이든 안정된 것처럼 보이는 것도 위험할 수 있다는 생각을 해야 한다. 따라서 우리는 힘들더라도 문제를 만들어 낼 힘을 기르는 것 외에는 어떠한 답이 없다.

혁신자의 딜레마

2000년도 초 LG전자 모바일 연구소에서 한창 일하고 있던 시절만 해도 모바일 시장의 최고 강자는 노키아였다. 삼성 역시 노키아의 기술 혁신을 늘 부러워하며 배우고 있던 시절이었다. '커넥팅 더 피플connecting the people' 슬로건으로 내세운 노키아는 1998년 세계 모바일 시장 점유율에서 처음으로 1위에 오른 후 10년간 세계 시장에서 최고의 자리를 지켰다. 2000년대 핀란드 국내총생산GDP의 20% 이상을 노키아가 책임졌으니 노키아가 핀란드 경제에 차지하는 비중이 어느 정도인지를 가늠할 수 있다. 그러나 혁신의 대명사인 노키아는 2007년부터 시작된 스마트폰 시대에 제대로 대처하지 못하였다. 그렇다고 기존 2G, Edge*망 기반의 휴대전화기 시장에 소홀한 것도 아니다. 오히려 고객의 VoC를 더욱 경청하면서 적극적으로 대응했고, 고객의 입장에서 기술, 제품, 제조 능력에 공격적으로 투자

※ Edge 망 : 주로 유럽에서 사용하는 비동기 방식의 이동통신서비스. 무선 데이터 네트워크 2.5세대망이라고도 하며 속도나 성능 면에서 2세대(2G)망과 3세대(3G)망의 중간이라 할 수 있다.

하면서 시장의 선두자리를 지키고 있었다. 하지만 노키아는 스마트폰이라는 새로운 판에 편승하지 못했고 결국 몰락하고 말았다. 이로 인해 핀란드 경제는 2012~2014년 3년 연속 마이너스 성장을 기록했고, 실업률은 10%대로 치솟았다.

누구보다 혁신을 잘하던 기업이 어떻게 하루아침에 몰락할 수 있는가? 미국 하버드 경영대학원의 클레이튼 크리스텐슨 교수는 이를 '혁신자의 딜레마 The Innovator's Dilemma'라고 말하였다. 고객의 목소리를 경청하고 지속적으로 혁신을 추구할수록 자기 편향에 빠져 미래를 읽지 못할 확률이 높아질 수 있다는 것이다. 만약 그 미래가 새로운 판일 경우에는 더욱 치명적이라는 사실이다.

2006년 3월 구글 딥마인드가 개발한 인공지능AI 프로그램 '알파고 AlphaGo'가 세계 바둑 톱랭커인 이세돌 9단을 꺾으면서 4차 산업혁명의 가능성을 보여줬다. 과거 어느 때보다 많은 사람들이 빅데이터, 인공지능 등의 IT 기술 지식을 쌓으면서 미래를 준비하고 있다. 그러나 이런 기대의 이면에는 '혁신자의 딜레마'가 작동하고 있다. 미국 월스트리트저널WSJ에 따르면, 미국의 전체 인력 중 이공계 분야 직업 비중은 1960년대 1.6%대에서 2000년 4%까지 가파르게 증가했지만, 이후 지금까지 연간 4.2%대를 넘지 못하고 있다. 21세기 들어 새롭게 다가올 산업 시대에 대한 중요성이 부각됐음에도 숙련된 전문 인력의 필요성을 느끼지 못하고 있다. 이는 시장의 핵심 소비자를 만족시키고 유지하기 위해 기존의 제품에만 지속적으로 개선하는 활동인 존속적 혁신 Sustaining Innovation에 빠져 있기 때문이다. 더군다나 이러한 혁신 활동이 점점 '혁신적'이지 않고 '점진적'이 되어 혁신의 정체기가 왔다는 것이 문제이다. 많은 사람은 이 혁신의 정체기로 인해 새로운 산업 판을 준비해야 할 시기를 지연시키고 있다고 지적한다. 더군다나 혁신 과정에서 겪는 시행착오들이 정체기를 더욱 길게 만들 것이라고 한다. 본래 혁신은 갖가지 시행착오를 통해 완성될 수밖에 없는데, 지금의 불확실한 환경에서 발생하는 리스크에는 내성을 갖고 있지 않아 적응하기까지 오래 걸리기 때문이다.

따라서 이러한 '혁신자의 딜레마'에서 탈출하기 위해서는 자신들이 올라 서 있는 판을 바꿀 수 있는 파괴적 혁신 Disruptive Innovation 을 할 수 있어야 한다. 여기서 파괴적 혁신이란, 1997년 당시 크리스텐슨 교수가 정의하기로 마케팅 분야에서 새로운 제품이나 서비스로 시장의 밑바닥을 공략한 후 빠르게 시장 전체를 장악하는 방식의 혁신을 의미한다. 하지만 지금 시대에 그 개념을 확장해 보면 앞으로 4차 산업혁명 시대에 필요한 파괴적 혁신은 단순히 마케팅 분야가 아닌 경제, 사회 등 전분야에 새로운 기술을 융합하여 시장 전체의 움직임을 바꾼다는 의미가 될 것이다. 이러한 새로운 판이 형성되면 기존에 겪어 보지 못한 새로운 문제들이 발생할 것이고 이를 스스로 정의할 수 있어야 할 것이다. 또한, 위험을 감수할 수 있는 과감한 투자와 연구개발 R&D 로 신속하게 제품화할 수 있어야 할 것이고, 무엇보다 아직 아무도 가 보지 않은 길을 가야 하기 때문에 시장에서 '퍼스트 무버'가 될 것이다. 이는 항상 스스로에게 노력해야 하되 자주 뒤를 돌아보며 스스로가 딜레마에 빠져 있지 않은지 살펴봐야 할 것이다.

2015년 전 세계 26개국 3,000명 글로벌 리더들을 대상으로 진행된 'GE 글로벌 혁신지표'에 따르면 글로벌 리더들은 파괴적 혁신을 주도하는 기술로 빅데이터, 인공지능, 그리고 산업인터넷을 주목하고 있다고 한다. 정보의 홍수 속에서 등장한 빅데이터는 이제 더 이상 뜬구름 잡는 유행어가 아닌, 기업에서 적극적으로 활용해야 하는 개념으로 자리 잡았다. 인공지능은 디지털 기술의 발달로 인해 더 이상 사람이 처리할 수 없는 의사결정 영역까지 대처할 수 있는 핵심 기술로 기대를 모으고 있다. 또한 산업인터넷*은 일상 환경의 인터넷 연결을 뛰어넘어 산업 분야까지 모두 디지털로 연결하기 위한 가장 핵심적인 인프라로 인식하고 있다.

많은 사람이 이러한 글로벌 리더들 중에 파괴적 혁신을 주도하고 있는 미국의 GE와 독일의 지멘스 기업에 주목하고 있다. 두 기업은 새로운 산업 혁명을 준비하는 과정에서 '혁신자의 딜레마'에 빠지지 않기 위해 100년 이상 간직해 온 자신들의 판을 과감히 무너뜨리고 새로운 판을 만들어 가고 있다.

GE는 그동안 끊임없이 혁신해 왔다. 특히 2001년 45세 젊은 나이로 취임한 제프리 이멀트 회장은 파괴적 혁신을 위한 라인업을 새

※ 산업 인터넷(Industrial Internet), 산업용 사물인터넷(Industrial IoT): 미국 제너럴 일렉트릭(GE) 사가 모든 산업 장비에 인터넷을 접목한다는 의미로 "사물인터넷(IoT)"을 대신해 사용하는 용어. 산업 분야에 적용해 에너지 효율화와 산업공정 자동화에 대표적인 인프라로 활용 중

로 만들었다. 환경과 에너지를 미래 인간의 상상력과 결합한 에코 매지네이션 Ecomagination, 미래 고령화 시대 건강·의료에 착안한 헬시매지네이션 Healthymagination을 신성장 동력으로 하여 새롭게 판을 준비하기 시작하였다. 2015년에는 하드웨어 기업에서 소프트웨어 기업으로의 변신을 선언했고, 이멀트 회장은 2016년 GE의 연례행사에서 "GE는 이제 디지털 혁신에 올인하였다."라고 밝혔다.

2015년에 설립한 GE 디지털 사업부에 매년 6억 달러 이상을 소프트웨어 개발에 투자하고 있는 사실만 봐도 그의 의지를 알 수 있다. 특히 데이터 사이언티스트*, AI 전문가와 같은 디지털 인재를 확보하기 위해 구글, IBM, 아마존 등 실리콘밸리 기업의 우수한 엔지니어들을 불러들이고 있다.

글로벌 제조업체인 지멘스도 2014년 '비전 2020'를 발표하며 신재생 에너지와 헬스케어·에너지 관리·스마트 공장 등 새로운 기술을 바탕으로 한 파괴적 혁신 사업으로 눈을 돌렸다. 이어 가전사업 철수를 결정하고 롤스로이스사의 에너지, 항공기 전용 가스터빈 및 컴프레서 사업을 인수하는 등 사업 구조를 재편하였다. R&D 개발을 지원하고 인재를 양성하기 위해 지멘스는 스타트업 사업부인 '넥스트 47'도 신설하였다. 대기업의 구조적 한계인 존속적 혁신을 극복하기 위해 5년간 약 1조 2,000억 원를 투자하여 새로운 아이디

※ 데이터 사이언티스트: 기업이 가진 빅데이터를 저장·처리·분석하는 업무를 보는 전문가, 빅데이터 분석가, 데이터 과학자라고도 부른다.

어와 신기술을 스타트업 회사들이 개발할 수 있도록 지원하는 것이다.

　두 기업의 공통점은 파괴적 혁신을 위한 새로운 문제를 정의할 수 있는 힘을 가지고 있다. 하지만 자세히 들여다보면 두 기업이 하고자 하는 최종 목적은 유사하나 문제를 풀어가는 전략과 실행은 상당히 다르다는 것을 알 수 있다. GE는 자신들이 원하는 큰판을 만들어 놓고 외부의 잘된 것을 내부로 유입하는 전략이고, 지멘스는 내부의 잘된 것을 외부로 확장해 나가는 전략이다.

　세계 철강업을 리드하고 있는 포스코 역시 4차 산업혁명이라는 새로운 생산성 경쟁시대에서 성공하기 위해 기존의 프레임을 무너뜨리고 있다. GE나 지멘스보다는 조금 늦었지만 이제 막 문제 정의를 마치고 빅데이터, 인공지능 등 새로운 혁신 기술을 받아들여 제철소 현장에 녹일 준비를 하고 있다.

4차 산업혁명은
목적이 아닌 전략이다

지금의 경제 불황 속에 4차 산업혁명이라는 새로운 비전은 저성장의 수렁에 갇힌 경제에서 한 줄기 희망처럼 다가왔고, 정부와 기업들은 4차 산업혁명에서 앞서가기 위해 앞다퉈 청사진을 내놓고 투자를 늘리느라 부산하다. 하지만 보다 나은 새로운 시대가 올 것이라는 기대도 높지만 앞날을 우려하는 사람들도 많다. 어느 날 인공지능 로봇이 공장의 생산 현장에 들어와 사람의 일을 대신하게 되고, 드론이 아파트와 거리를 날아다니며 경찰의 역할을 대신하게 되면 더 이상 자신들이 설 자리가 없어질 거라는 두려움 때문일 것이다. 얼마 전 금융, 전자회사에 근무하고 있는 친한 지인들과 식사 자리에서 "우리 회사는 이번에 4차 산업혁명을 위해 빅데이터 분석 시스템을 도입했어." 또는 "회사 내에 서비스 사업부의 콜 센터에 인공지능 기술을 도입해서 이제는 고객들이 로봇과 상담을 할 수 있도록 준비하고 있어." 등 자신의 회사가 4차 산업혁명을 위해 열심히 준비하고 있다는 말을 들을 수 있었다. 하지만 당시 내가 느낀

점은 아직까지 상당수 기업 또는 사람들이 4차 산업혁명을 기술로만 보려 하고 있다는 사실이다.

우리에게는 소유의 종말, 공감의 시대로 알려진 미래학자 제러미 리프킨은 그의 저서 《한계비용 제로사회 2014》에서 다음과 같이 주장한다. 사물인터넷 IoT, 3D 프린팅과 같은 혁신 기술은 그 자체가 중요한 것이 아니라 제품을 한 개 더 생산할 때 들어가는 한계비용을 제로 수준으로 낮출 수 있는 전략 요소로써의 의미가 더 크다는 것이다. 즉, 제품을 무료로 공유할 수 있는 새로운 패러다임으로 인해 기존에 상품을 판매해 이윤을 남기는 시장경제 체계를 완전히 뒤바꿀 수 있는 세상이 올 것이고 우리는 거기에 초점을 맞추어야 한다고 강조한다.

따라서 우리는 4차 산업혁명이라는 새로운 판을 어떻게 받아들일 것인지, 또한 그러한 환경에서 국가는 국민의 질 높은 생활 수준을 만들어 내고, 기업은 최대 이윤 체계를 만들어 낼지를 최대 목적으로 생각해야 한다. 이를 위해 인공지능, 빅데이터, IoT 등의 기술을 국가 또는 기업 전략으로 활용하는 방법을 고민해야 하는 것이다. 선진국들은 이미 국가 전략 차원에서 4차 산업혁명을 바라보고 준비하고 있다. 미국은 기술과 자금력을 보유한 민간 기업을 적극 지원하여 독자적 혹은 컨소시엄 구축으로 산업용 사물인터넷, 빅데이터, 인공지능, 3D 프린팅 등 첨단 기술을 국가 차원에서 확보하고 있다. GE 산업용 사물인터넷, 구글 인공지능, 3D시스템즈 3D 프린팅 등이 각 분야에서 세계 시장을 선도하고 있는 것을 보면 알 수 있다. 또한, 시스코, IBM, GE 등의 주도로 산업용 사물인터넷 컨소시엄 IIC Industrial Internet Consortium 구성으로 4차 산업의 세계 기술 표준을 확보하려는 노력도 하고 있다.

독일의 경우 디지털 공장을 중심으로 제조 경쟁력을 높이기 위해 정부와 기업이 손잡고 시장을 만들어가고 있다. 미국, 중국과 제조업 경쟁 심화 등에 대응하기 위해 2000년대부터 제조 경쟁력 지속 성장을 위한 정책을 보완하고 발전시켜 왔다. 전통적 제조 강국으로서 이미 보유 중인 고성능 생산 및 물류 설비에 사물인터넷 등 첨단 기술을 융합해 고도화하겠다는 전략이다. 2014년 본격 추진된 '인더스트리 4.0' 정책은 디지털 공장* 확산과 중소기업의 제조 혁신 참여 등에 초점을 맞추고 있다. 정부는 중소기업의 IT 투자에 적극 지원하고, 대신 해당 기업들은 기술 개발과 실용화를 목표로 하여 현재 자국 내에서만 80여 개 기업이 참여 중이다.

중국은 2000년대 중반부터 제조 대국에서 제조 강국으로 탈바꿈하기 위해 R&D 등에 집중적으로 투자해 왔다. 중국 정부는 경제성장 둔화에 대응하고 그동안 양적 성장 중심이었던 제조업을 질적 성장으로 도모하기 위해 2015년 3월 '중국 제조 2025' 정책을 발표한다. 현재 노동 중심의 제조방식에 새로운 IT 기술을 융합해 지능화하는 한편, 품질 및 브랜드 가치 향상, 환경 보호 등 질적 성장을 도모한다는 것이다. 중국판 4차 산업혁명이라 하겠다. 이를 위해 제

※ 디지털 공장(Digital Factory): 제조와 IT 융합에 기반해 공장 내 모든 사물을 네트워크로 연결하여 공정을 지능화·최적화할 수 있는 미래형 공장. 지금의 스마트 팩토리(Smart Factory)와 유사한 개념

조업 혁신센터를 설립하여 2020년까지 15개, 2025년까지 40개까지 확대하는 것을 목표로 하고 있다. 제조업 혁신센터는 국가 제조업 혁신을 이끌어가는 핵심 주체로서 IT 신기술, 스마트 제조, 신소재, 바이오 의약 분야 발전을 목적으로하는 기관이다. 특히 제조업의 혁신 생태계를 구축하기 위해 기술, 조직, 비즈니스, 자본을 서로 연계하고 있으며, 지역 제조업 혁신센터 설립을 국가 정책으로 장려하고 있다.

일본의 경우 미래 사회에 대한 국가적 고민을 해결하기 위해 4차 산업혁명을 적극 활용하는 전략을 추구하고 있다. 즉, 고령화, 자연재해 등 일본 사회가 계속해서 안고 가야 하는 문제와 자동차, 전자, 로봇 등 기존 산업의 강점을 분석해서 일본식 대응 전략을 수립하려고 노력 중이다. 새로운 문제를 정의하고 해결하는 과정에서 생각하지 못한 산업을 창출하여 경제성장을 기대하고 있다. 특히 일본은 독일의 Industrie 4.0 전략을 자국의 벤치마킹 대상으로 삼고 있다. 제조업 강국이라는 자국의 강점은 살리면서 IT 신기술을 적극 수용하여 상호 융합하려는 독일식 전략을 본받아, 일본 역시 자국 산업 분야의 강점과 IT 분석 기술의 약점을 고려하여 국가 전략을 설계하고 있다. 강점으로 꼽히는 로봇, IoT 센서, 네트워크, 가상현실 기술 등은 현재까지 세계 최고 수준이다. 이 중 로봇과 가상현실 기술의 융합은 의료, 제조·물류·농업, 주택·에너지 등 다양한 분야에서 새로운 비즈니스 가치를 창출하고 있다. 즉 현실 데이터를 가상공간으로 불러들여 인간의 행동을 지원하는 다양한 형태의 로봇과 결합하고 있다.

최근 4차 산업혁명이 이슈가 된 이후 우리나라도 발 빠르게 새로운 패러다임을 준비해 왔다. 2020년까지 중소기업 1만 개, 스마트 공장 시스템 보급을 목표로 하는 '제조업 혁신 3.0'이라는 정부 주도 프로그램이 대표적이다. 그러나 아직 우리만의 새로운 기술 전략이나 대표적인 기업 사례들이 나오고 있지 않다. 제조업의 비중이 30%가 넘는 한국이 제조업 비중 10% 정도의 미국보다 4차 산업혁명 전략의 마련에 뒤처지고 있다는 의미이다. 4차 산업혁명에 대한 국가별 대응 능력 순위를 보면, 한국은 139개국 중 25위로 상대적으로 저평가를 받고 있으며 더군다나 말레이시아나 체코에게도 뒤지고 있는 암담한 현실도 지나쳐서는 안 된다. 그럼에도 우리가 4차 산업혁명이라는 끈을 놓을 수 없는 가장 큰 이유는 그동안 제조업을 중심으로 한 산업 노하우에 새로운 IT 기술의 융합은 우리나라의 미래 먹거리를 분명히 만들어 줄 수 있기 때문이다.

하지만 이전처럼 선진국들의 산업혁명 전략을 그대로 따라가게 되면 앞에서 말한 그 자체가 목적이 되는 우려를 범할 수 있다. 체질을 개선한다는 명분으로 선진국과 같은 모양만을 따라 하는 것은 지금 시대에서는 의미 없는 노력이므로 우리 실정에 맞는 '한국형 4차 산업혁명 전략'이 필요하다. 따라서 미국, 독일 등의 4차 산업혁명 전략을 우리 것으로 소화하여 취할 건 취하고 뺄 건 뺀 다음 우리가 추구하고자 하는 목적에 맞게 재구성하는 것이 지금 우리가 취할 수 있는 최선의 방법이다.

창의적 기획력이 더욱 필요한 시대

알파고가 처음 소개되었을 때, 데이터로부터 학습하여 자기 자신이 경기를 되풀이하는 방법으로 그동안 오랜 경험과 축적된 실력을 갖추고 있는 바둑 프로에게 이기려면 향후 10년은 더 걸릴 것이라고 예측하였다. 하지만 결과는 완전히 뒤집혔다. 인간 고단수들이 20년 이상 실전을 통해 쌓아 놓은 바둑 대국에서 이기는 방법을 단 6개월의 기계 학습만으로 터득해 버린 것이다. 전 세계를 놀라게 한 이 사건은 우리에게 시사하는 바가 매우 크다. 지금 산업 시대의 수면 아래 불확실한 무언가가 무섭게 빠른 속도로 변하고 있다는 사실을 유추할 수 있기 때문이다. 따라서 어느 때보다 긴장하고 새로운 무기를 만들어 내지 않으면 끌려다니다 새로운 산업 시대로 올라가기 위한 사다리를 제대로 타지도 못하고 떨어질 게 분명하다.

최근 회사 내 어떠한 회의를 들어가도 4차 산업혁명이라는 말이 유행처럼 나오고 있는 분위기다. 비단 내가 근무하고 있는 포스코뿐만 아니라 주변의 비즈니스를 둘러 봐도 현재 하는 일에 인공지능, 빅데이터를 포함시키지 않으면 새롭게 보이지 않거나 관심 자체를 못 받고 있다는 말을 심심치 않게 듣고 있다. 물론 시대적 흐름을 따라간다는 의미에서는 좋다고 볼 수 있지만 본질과 동떨어진 대책 마련 쪽으로 논의가 흘러가는 것은 위험하다. 한 기업 설문조사에서 "자신이 하고 있는 일이 혁신 활동과 관련이 있다고 생각하는가?"라는 질문에 80%가 "그렇다."라고 답했다고 한다. 놀라운 사실은 이 설문조사는 시장에서 매년 매출이 점차 떨어져 혁신이 제대로 되고 있지 않다고 판단한 어느 대기업의 설문 의뢰에서 나온 결과이다. 이것이 의미하는 것은 매일 당장 눈앞의 일에 쫓겨 무언가를 열심히 하고 있다고 생각하지만 자기 최면에 걸려 제대로 된 혁신을 하지 않고 있다는 것이다.

이제 과거에 그려 놓은 Big Picture를 지우고 새롭게 그려야 할 시간이다. 그리고 중요한 것은 Big Picture를 실현할 수 있는 기획력을 길러야 한다는 것이다. 과거처럼 주어진 문제를 풀던 시대는 이제 막을 내렸다. 새로운 기획력이 필요하다. 불확실한 비즈니스 환경과 홍수처럼 밀려오는 정보 속에서 새롭게 문제를 만들어 낼 수 있고, 전략적으로 논리를 끌고 갈 수 있는 기획력이 필요하다는 의미이다. 이러한 창의적 기획력을 갖추기 위해서는 먼 미래에 일어날 모습을 정보로부터 창조성을 발휘하는 상상력이 필요하다. 다음으로 현재와 미래를 끈끈하게 연결시킬 수 있는 논리성을 길러야 하고, 마지막으로 이 모든 것들이 실행으로 이어질 수 있는 실행력을 훈련해야 할 것이다.

경영 전략의 대가인 마이클 포터 교수는 그의 저서 《경쟁우위 Competitive Advantage, 2008》에서 전 세계의 경제는 그동안 크게 3차례 변화했다고 설명한다. 처음에는 자본, 노동 투입을 통해 우위를 앞세워 경쟁력을 높여온 시대였다. 이후 대규모 설비 및 자본을 투자해서 대량생산을 추구했던 시대를 거쳐, 지금은 기존의 경쟁 기업들이 또는 국가들이 보여주거나 갖지 못했던 새로운 가치 창출을 통한 경쟁력이 필요한 시대에 접어들었다고 한다. 힘으로 경제를 살리던 시대에서 돈으로 경제를 살리던 시대, 그리고 지금은 새로운 감각과 머리로 남과 차별화된 경쟁력, 즉 창의적 기획력이 필요한 시대라는 것이다.

새로운 문제를 만들어 낼 수 있는 기획력은 3가지 프로세스로 진행된다. 첫째, 방향 설정이다. 즉 Big Picture를 그리는 단계이다. 이는 시장의 기회와 성공 요인을 찾아내기 위해 현재에 대한 분석이 아닌 미래에 대한 분석 과정이다. 국가나 기업에 장기 전략과 같은 큰 방향이 수립되면 그와 관련되어 미래에 일어날 수 있는 모습들을 시나리오별로 가설을 세우는 작업이 중요하다. 우리는 이것을 '미래 일하는 모습'이라고 말하는데, 지금의 일하는 모습과 비교에 10년 뒤 미래에는 어떻게 일하고 있는지 모두의 상상을 통해 그려내는 작업이다. 예를 들어 "4차 산업혁명이 본격화되는 시대에 제조 산업 현장에서는 설비들이 스스로 자신의 건강 상태를 측정하여 문제가 생기면 주변 설비들에게 도움을 요청하고 마치 인간처럼 집단 지성을 통해 설비의 건강을 회복할 수 있도록 도와준다. 만약 기계가 해결할 수 없는 심각한 문제가 생기면 통섭의 지식을 가지고 있는 엔지니어에게 연락하여 최종 해결을 요청한다."와 같이 우리의 현 모습이 기술적 변화와 더불어 어떻게 변할지를 상상하여 그려낸다.

| 새로운 문제 정의를 위한 기획 프로세스 |

방향 설정 (Big Picture)
- 10년 뒤 일하는 모습
- 시나리오 및 가설

핵심 경쟁력 정의
- 경쟁력 도출(중요도/영향력)
- 우선순위 및 명확화

문제 정의
- 테마별 As-Is, To-Be 정의
- 각각의 문제 정의 및 실행 계획 작성

문제 명확화
- 문제 인식
- 최종 결과
- 이해관계

전략적 연계성
- 전략 우선순위와 AlignS
- 이익 및 시장 점유율 기여 여부

문제 정의서 작성
- 문제 단순화
- 제약 사항 명시
- 단계별 추진 방법

[문제 정의 단계]

※ 신규 사업 창출 및 산업의 재편성에 영향을 줄 수 있는 기술은 도입, 성장, 성숙의 단계로 진행
※ 현재 기술 : 성숙 단계에 있으며 시장에 상용화되어 사용하고 있는 기술을 의미
※ 미래 기술 : 도입 단계에 있으며 성장이 기대되는 기술을 의미

다음으로는 미래 분석을 통해 핵심 경쟁력을 정의하는 과정이 필요하다. 자신만의 프레임으로 만드는 과정인데 전 단계에서 세운 시나리오들의 전략적 가설을 간추려서 압축한 다음 회사가 생각하는 방향과 연계하여 추구해야 할 내용을 우선순위로 명확화하는 것이다. 예를 들어 포스코 향후 10년의 핵심 경쟁력을 글로벌 철강 시장에서의 1등을 달성하는 것으로 목표를 세운다면 가장 먼저 4차 산업혁명을 리딩 할 수 있는 포스코 스마트화를 구현하여 생산비용 30% 이상을 절감하고, 다음으로 제품의 기술과 품질을 향상시켜 시장 경쟁력을 30% 이상 확대하는 것으로 구체화할 수 있다.

여기서 포스코 스마트화란 현재 우리의 도메인 지식에 빅데이터, AI, IoT 등 인간처럼 지능화할 수 있는 새로운 기술을 융합하여 우리의 지혜로 만드는 것을 의미한다. 경쟁력을 정의할 때는 최대한 교차적으로 Cross Functional 많은 사람의 참여를 통해 집단 지성으로 만들어야 한다. 왜냐하면, 상부 Top에서 핵심 경쟁력이 만들어지면 곧 하부 Bottom으로 전파되어 각자에 맞는 세부 전략들이 수립이 되는데, 이때 특정 전문 부서가 잘못된 집단사고를 하게 되면 이는 전체 경쟁력을 흐리게 만들 수 있기 때문이다.

마지막 단계에서는 실제 새로운 문제를 구체적으로 정의해야 한다. 우선 전 단계에서 만든 핵심 경쟁력을 영역별로 나눈다. 다음으로 각각의 테마를 정하여 현재 모습과 비교해서 변화해야 할, 또는 변화하고 싶은 미래 모습을 구체적으로 설계하고 구현할 수 있는 방법을 제시한다. 이때 3가지 사항을 고려해야 한다. 첫째, 도대체

무엇이 문제인지를 명확하게 파악할 수 있는 고민을 최대한 많이 해야 한다. '문제와 사실을 구별 못 하고 있는지는 않은지? 문제 해결을 통해 얻고자 하는 최종 결과가 무엇인지? 이해관계는 어떠하고 누가 이익을 얻고 왜 그런지?'를 스스로 반복하여 정의할 수 있어야 한다. 두 번째로 문제에 대한 해결책이 회사가 추구하는 전략적 방향과 일치하고 있는지를 다시 한번 확인하고 맞지 않을 경우 지속적으로 Align하는 과정을 거쳐야 한다. '회사 중장기 전략의 우선순위에 부합하는가? 회사의 이익 달성 목표나 시장 점유율에 구체적으로 기여할 수 있는지? 또는 이를 해결하기 위해 투입되는 리소스 대비 ROI가 나올 수 있는지?'를 중심으로 확인하고 또 확인해야 한다. 아무리 좋은 문제 해결책이라 하더라도 회사의 방향과 맞지 않는다면 혼자만의 경험으로 끝나기 때문이다. 문제 정의의 마지막 단계는 분명하고 완성도 높은 정의서를 실제 작성하는 것이다. 만약 이슈가 많은 복잡한 문제인 경우는 문제를 잘게 쪼개어 단순화시키고 각각의 해결 방안에 필수적인 제약 사항이나 조건을 명시해야 한다. 정의서에는 문제 해결을 위한 단계별 추진 방법이 언급되고 기대 효과를 분명히 제시할 수 있어야 한다. 또한, 해결되었는지를 어떻게 평가하고 측정할 수 있는지를 정량적으로 제공할 수 있어야 한다.

현재 4차 산업혁명을 준비하고 있는 포스코의 경우 인공지능, IoT, 빅데이터 등 스마트 기술을 흡수하고 융합하여 기존의 제조 환경을 획기적으로 개선하기 위해 노력하고 있다. 이를 위해 새로운 미래 모습을 기획하고 문제를 정의하여 비즈니스 영역별로 스마트 기술이 적용된 40개 이상 프로젝트를 도출하고 전사적으로 수행하고 있다. 조업, 생산, 구매, 마케팅 등 전 영역에서 테마를 도축하여 스마트X 프로젝트라는 이름으로 실행하고 있으며, 포스코의 핵심 경쟁력과 수시로 맞추어 보며 앞으로 나가고 있다.

정의하면 4차 산업혁명을 준비하고 있는 경영자와 실무자들은 스스로가 새로운 변화에 대한 두려움으로 인해 과거의 패러다임에 미래의 기술을 단순 접합시켜 자신들이 실행하기 쉬운 방향으로 만들어 열심히 하고 있지는 않은지 돌아봐야 할 것이다.

또한 새로운 시대에 필요한 기획력을 갖추기 위해서는 우리 또는 우리가 일하고 있는 기업을 주인공으로 하여 미래를 고민하고 문제를 만들어 낼 수 있는 역량을 기르는 것이 무엇보다 중요하다.

 >>>>

Big Why로부터 Big Picture를 그려라

 4차 산업혁명이라는 어렴풋이 보이는 미래 시대를 구체적으로 그려내기 위해서는 새롭게 무장한 기획을 바탕으로 문제를 만들어 내고 해결 방안을 제시할 수 있어야 한다. 앞에서는 이러한 문제를 정의하기 위해 필요한 기초 체력인 창의적 기획력을 어떻게 만드는지 살펴보았다. 이 중 기획력의 첫 번째 단계에서 새롭게 정의된 문제를 해결하기 위해서는 미래에 우리가 원하는 모습이 담겨져 있는 Big Picture를 그려야 한다고 하였다. 이는 지금까지 우리가 문제를 해결하기 위해 해왔던 일반적인 방법과는 차별화된다. 그러면서도 새로운 기획력에 있어서는 가장 중요한 단계이다. 사실 과거에는 미래 모습에 대한 예측과 가정을 하는 것이 과학적인 방법론을 제대로 갖추고 있지 못한다는 이유로 회의적으로 생각해왔다. 이러한 비판은 통계적 방법론을 주로 활용하는 사람들이 더욱 그랬다. 이들에 의하면 과거의 수치적 통계가 뒷받침되지 않는 예측은 그야말로 관념적 사고에 불과하다는 것이다. 미래에 벌어질 상황은 항상 불확실하여 '이것이다. 저것이다'라고 단정적으로 말할 수 없다. 그럼에도 불구하고 가장 먼저 미래 모습을 그려야 하는 이유는 4차 산업혁명 자체가 새로운 모습이어서 아직 가보지 않은 길을 찾아 나서야 할 수밖에 없기 때문이다.

따라서 예전처럼 미래를 통찰하는 것이 더이상 선택의 문제가 아니게 되었다. 대신 미래를 발견하고 시나리오로 만들어내는 데 가능한 한 과학적이고 논리적인 과정을 최대한 적용하여 실현 가능성을 높여야 할 것이다. 즉, 과거와 현재의 문제 간격을 찾아내어 현상분석을 하는 기존 방식과는 달리 미래를 변화시키는 핵심 변화 동인을 찾아내어 Big Picture의 뼈대로 구성할 수 있어야 한다는 것이다.

미래는 기나긴 인과의 사슬로 현재와 이어져 있다. 뒤집어 말하면 미래를 예측하기 위해서는 미래와 길게 촘촘히 연결되어 있는 현재 벌어지고 있는 현상들에 대한 Why들을 모두 묶어 Big Why로 만들어 내야 한다. 하지만 우리가 보고자 하는 미래와 개연성이 높은 현재의 Why들을 찾는 것이 말처럼 쉽지는 않다. 그러므로 한발 물러서서 미래의 변화를 일으킬 중대한 요인, 즉 '꼭짓점'을 가지고 생각하려는 자세가 필요하다. 이 꼭짓점은 시간, 공간의 측면에 주의해서 봐야 한다. '왜 지금 인가?', '지금 아니면 안 되는가?'에 대한 시간적 고민은 미래의 모습 중에 우리가 달성해야 하는 것들에 대한 대의명분 Why를 만드는 데 도움을 준다. 그리고 '도대체 어디서부터 문제인가?', '어디에서 이익을 낼 것인가?'에 대한 공간적인 접근은 새로운 판을 만드는 Why를 찾아낼 수 있게 해준다. 따라서 시간적, 공간적 관점에서 문제를 접근해 나가면 미래가 어떻게 바뀔지에 대한 구체적인 모습을 보다 쉽게 얻을 수 있다.

 예를 들어 우리에게 테슬라 최고경영자CEO이자 영화 〈아이언맨〉 실제 모델로 알려진 일론 머스크Elone Musk가 최근에 선보인 지하 터널 교통 시스템의 기획 의도를 Big Why 측면에서 살펴보자. 현재 우리가 살고 있는 도시의 교통체증 상황에서 운전하는 건 지루하고 피곤한 일이다. 그래서 교통체증을 해결하기 위한 방안으로 도로 신설 및 확장, 혼잡세 부과 등을 논하는데, 이들 방법이 해당 교통체증 문제에 직접적으로 영향을 주는 지표가 되기 때문이다. 하지만 보이지 않는 미래를 대비하여 본질적인 대책을 만들기 위해서는 우선 교통 환경 변화 모습에 대한 시간적, 공간적 관점에서 꼭짓점이 무엇인가를 명확히 밝혀내는 것이 우선이다. 시간적 관점에서는 전기자동차, 무인 자율 주행 또는 도로를 건설하는데 필요한 지하 굴착 기술 등의 기술 수준에 대한 혁신일 수 있고, 공간적 관점에서는 현재 2차원 개념의 교통 시스템을 3차원 개념으로 확장하는 혁신일 수도 있다. 일론 머스크는 건물, 자동차 등을 3차원으로 생각했을 때 현재 X, Y축으로만 이루어진 도로망을 2차원으로 봤다. 따라서 그는 3차원의 사물들이 증가하게 되면 2차원의 도로가 수용하기 벅찬 것은 어쩌면 당연한 문제로 인식한 것이다.

 그는 우선 시간적, 공간적 양 축에서의 꼭짓점을 지하 굴착 기술과 교통 시스템으로 정하였다. 이 두 개의 꼭짓점에서 의미있는 2개의 시나리오를 생각해 볼 수 있다. 지하 굴착의 기술 발전이 더디 기존의 지상 도로를 건설을 하는 것이 오히려 ROI 측면에서 유리한 경우와 지하 굴착 기술이 상당히 발전하여 지상 건설의 비용 수준에 도달하는 시나리오이다. 또한, 교통 시스템 공간과 환경 규제 강도 측면에서 봤을때 규제가 지금 수준에서 크게 벗어나지 않아 지하까지 교통시설을 만들 필요가 없는 경우와, 교통체증과 공해 문제 등에 대한 사회적 합의와 요구가 상당히 커지고 엄격한 규제로 자리잡아 지하 교통 시스템과 같은 새로운 판이 필요한 시나리오로 나눌 수 있을 것이다.

이 4가지 시나리오를 모두 충분히 고려하여 우선순위를 정한다. 일론 머스크의 경우, 향후 자율 주행 및 건설 공법의 기술 발전 속도와 교통 혼잡 및 온실가스 해결을 위한 많은 국가의 노력 정도로 봤을 때, 지하 교통 시스템을 구축하여 새로운 판을 만드는 것이 경제적 가치를 배가시킬 수 있을 거라 판단한 것이다. 이것이 Big Why로부터 도출된 그만의 Big Picture인 것이다. 현재 일론 머스크는 미래 지하 교통 시스템 구축이라는 비전을 공개적으로 제시하고 교통 네트워크 시뮬레이션 및 지하 굴착기 시범 운영을 진행 중이다.

사실 이렇게 먼 미래와 연결되어 있는 지금의 변화 동인 Big Why를 찾아 시나리오를 만든다고 해서 반드시 그대로 된다는 보장은 없다. 왜냐하면, 미래는 확률의 세계이기 때문에 지금도 내가 선정한 Big Why를 중심으로 수없이 다양한 이해 관계자가 밀고 당기기를 하고 있다. 따라서 매 순간 어떻게 선택하느냐 또는 서로서로 어

| 교통 시스템 혁신을 위한 Big Why 도출 |

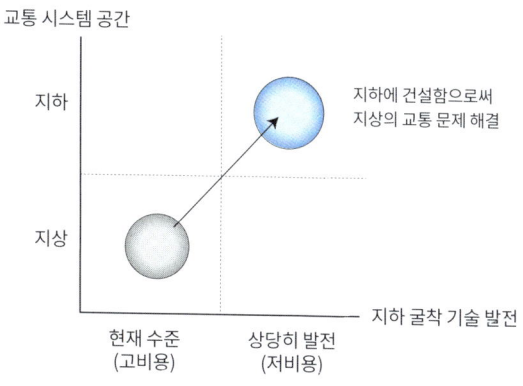

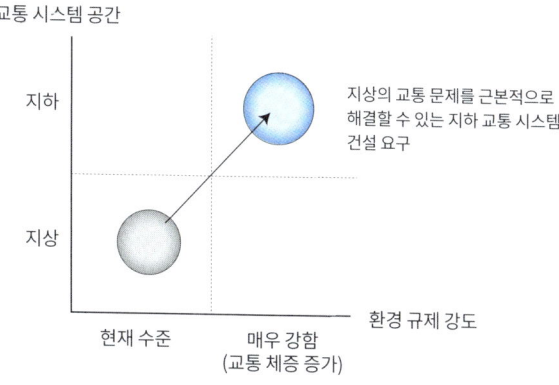

떻게 반응하느냐에 따라 무한한 갈림길이 펼쳐진다. 하지만 중요한 것은 자신이 선택한 꼭짓점을 중심으로 시나리오를 만드는 과정에서 수많은 고민을 하여 축적된 경험 지식으로 가지고 있는 것과 없는 것은 차이가 크다. 고민의 힘을 가지고 있으면 설사 중간에 어떠한 예외 상황이 나오더라도 갈팡질팡 흔들리지 않고 금방 대처할

수 있고 필요하면 시나리오 세부 내용은 단지 수정하면 된다. 요즘 같이 불확실한 환경에서는 나가고자 한 방향으로 꾸준히 가기 위해서는 오히려 더욱더 많은 수정과 보안이 이루어져야 하는 게 사실이다. 또한, 이러한 시나리오 방법론은 미래를 연구하는 방법론 중에 가장 과학적인 논리 구성을 가진 방법론이라고 한다. 왜냐하면, 모든 과학의 목적이 현실을 관찰하고 분석하여 어떤 동인이나 법칙들을 발견함으로써 예측력을 높이는 과정이라고 할 때, 미래 예측도 이에 해당한다고 볼 수 있기 때문이다. 사회학의 창시자 콩트는 "예견하기 위해 관찰하고, 예방하기 위해 예견한다."라고 하였다. 이 말은 미래 예측의 중요성을 잘 말해 주고 있다.

우리가 선택한 미래가 올 거라는 확신을 바탕으로 실오라기처럼 연결된 시나리오를 차근차근 그려내기 위해 고민을 하면 할수록, 변화의 조짐을 예민하게 포착하는 동시에 예측 불가능한 상태에서도 궤도를 수정할 힘을 가질 수 있다. 또한, 4차 산업혁명이라는 더 나은 삶을 위해서 기업이나 국가가 전략 및 정책을 수립할 때, 근시안적 시각에서 벗어나 중장기적인 계획을 세우고 급변하는 상황에 적응하기 위해서도 미래를 그려 나가는 철저한 훈련과 자기 확신은 필요하다.

CHAPTER 2

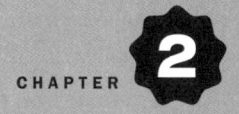

미래 동향에 대한 확고한 지론이 필요하다

CHAPTER 2

01 >>>> 자신만의 프레임을 준비하라

대기업에서 전략 기획을 하는 사람들이라면 비즈니스 세상에서 벌어지는 현상을 분석하기 위해 자신이 가장 선호하는 프레임 몇 가지는 가지고 있을 것이다. 목표를 차근차근 달성하고 업무 방식을 지속적으로 개선하기 위해 계획Plan, 실행Do, 점검Check, 개선Action을 반복하는 PDCA 방법론을 비롯하여 추상적인 일을 구체화하기 위해 누가Who, 언제When, 어디서Where, 무엇을What, 왜Why, 어떻게How로 풀어나가는 5W1H라는 프레임도 많이 사용하고 있을 것이다. 포스코처럼 제조 산업의 경우, Six Sigma와 같은 방법론을 비롯하여 현장에서 발생하는 불합리, 불필요, 불균형이라는 3가지 비효율을 개선할 수 있는 프레임과 정리, 정돈, 청소, 청결, 습관을 유지하는 5S 프레임도 많이 사용하고 있다.

하지만 이제 4차 산업혁명이라고 하는 새로운 시대에는 창의적 기획력 즉, 문제를 스스로 만들어 낼 수 있는 능력이 필요하다. 지금까지 흘러온 패러다임이 아닌 새로운 시대에서 일하는 모습을 그려

내야 한다는 의미이다. 따라서 미래 환경 변화에 대한 예측을 위해서는 Big Why라고 하는 꼭짓점들을 찾아낼 수 있어야 한다고 하였다. 또한, 이러한 꼭짓점을 가지고 미래로 이어지는 구체적으로 스토리를 만들어 내야 하는데, 이때 필요한 자신만의 프레임이 필요하다. 하루에도 굵직한 업무 지시가 몇 개씩 떨어지는 기획부서에서 근무하고 있는 경우, 이러한 일들을 빠르게 대응하기 위해 평소에 가장 논리적으로 잘 표현할 수 있는 프레임을 다듬어 놓고 있어야 한다. 나의 경우도 평소 요긴하게 사용하고 있는 몇 가지 프레임이 있다.

우선 전략 방향을 정하고 기획을 처음 시작할 때 유용하게 사용하는 방법이 발상의 틀을 깰 수 있는 브레인스토밍이다. 이 방법의 원칙 자체는 무척 단순하여 누구나 알고 있지만, 실제로 많은 조직에서 건너뛰는 경우가 많다. 하지만 새로운 전략을 수립하거나 미래의 일하는 모습들을 찾아갈 때 기발한 아이디어를 환영하고 자유분방한 발상을 할 수 있는 브레인스토밍 과정을 거쳐야만 고정관념을 깨고 새로운 문제를 만들어 낼 수 있다. 내가 일하고 있는 부서의 경우도 새로운 전략이 주어져 기획 단계에 착수하면 작게는 팀 단위로, 크게는 임원 주재로 부서 전체가 브레인스토밍 과정을 거친다. 여기서 중요한 것은 많은 아이디어를 내는 것보다 일정하게 시간을 정해 놓고 주어진 시간 안에서 최대 집중하여 아이디어를 도출한다는 것이다. 또한, 그 결과를 토대로 모두 투표나 상급자에 의해 아이디어를 그룹핑하여 다음 단계로 넘어갈 수 있는 일로 만들어 낸다.

그래야만 그 일들을 각자 가지고 돌아가서 브레인스토밍을 거쳐 나온 방향이나 생각들이 정말 맞는지 조사하여 다음 일을 진행할지 결정할 수 있기 때문이다.

다음으로 역추적 방법으로 미래를 그려낼 수 있는 타임머신 프레임이다. 우리가 원하는 미래를 실현하기 위해 지금 무엇을 해야 하는지 역으로 거슬러 올라가는 방법이다. 이는 미래에 현재 상태를 맞추는 접근법인데, 기존에 현재 상태에 미래를 맞추는 As is/To be 프레임 하고는 차별화된다. As is/To be의 경우는 현재 시대의 패러다임을 벗어나지 못하는 오류를 범할 수도 있지만 타임머신법의 경우는 전혀 다른 패러다임을 가정할 수 있어서 4차 산업혁명과 같은 새로운 미래를 준비하는 경우 유용하게 사용될 수 있다. 실천하는 방법은 N년 뒤에 우리가 일하고 있을 모습을 상상하여 그때 어떻게 될 것이고, 어떤 상태이길 원하는지 정의한다. 다음으로 그것을 실현하려면 N/2년 뒤에는 어떻게 되고 있으면 좋을지를 상상하고, 마지막으로 가장 최근의 N/4년 뒤에는 어떻게 되어 있을지를 정의한다.

예를 들어 4차 산업혁명을 위한 스마트 팩토리를 추진하는 경우, 타임머신 프레임을 적용하면 다음과 같다. N년 뒤 포스코는 철강 제품을 생산하는 데 한계 생산 비용이 제로 환경이 구현되어 있어 경쟁사가 도저히 따라올 수 없는 가격 및 제품 경쟁력으로 글로벌 1위의 철강 업체가 되어 있을 것이다. 이것을 이루기 위한 N/2년 후의 모습은 포항, 광양 제철소 스마트 팩토리 공장이 완성된 후 우리와 거래하고 있는 고객사들이 포스코 스마트 팩토리 생태계에 참여하여 국내 철강 제조가 마치 하나의 모습으로 움직일 것이다. 그 중심에서 포스코는 4차 산업혁명이라는 새로운 판이 앞으로 나갈 수 있도록 계속해서 엔진을 구동시켜 줄 것이다. 마지막으로 현재와 가장 가까운 N/4년에는 IoT, AI 그리고 빅데이터 기술을 제철소 설비 및 조업 현장에 적용하여 제품 생산에서 발생할 수 있는 품질의 불량이 제로가 되고 설비의 예지 정비가 스스로 가능한 공장이 구현된다.

마지막으로 전략에 대한 구체적인 실행 방안을 도출할 때 유용한 과제 매트릭스가 있다. 앞에서 도출한 미래의 일하는 모습이나 목표를 세로축으로 나열한 다음 그러한 기대를 맞추어 실현하기 위해 해야 하는 프로젝트나 유념 사항을 가로축에 정리한다. 그런 다음 세로축과 가로축을 대조해 가며 각 축이 만나는 빈칸에다 구체적인 해결책이나 실행 방안을 채워 넣는다. 그렇게 하면 막연했던 생각들을 실행 계획을 보다 쉽게 만들어 낼 수 있다. 현재 포스코에서 스마트 팩토리를 구현하기 위한 광양 후판 공장에 '빅데이터 분석 플랫폼'을 구축, 현장 엔지니어들이 안전하게 작업하고 일의 효율을 높일 수 있는 '스마트 안전모' 구축 등 40여 개의 프로젝트들이 매트릭스 과정에서 나온 구체적인 실행 프로젝트들이다.

과제 매트릭스가 중요한 이유는 우리가 하고 싶은 것만 있고 실행하지 못하면 아무 의미가 없는 상상에 지나지 않기 때문이다. 따라서 기대하거나 하고 싶은 모습은 반드시 해야 하는 일과 대조하며 구체화하는 작업이 필요하다.

4차 산업혁명 기반 IT 기술을 먼저 통찰하자

지금으로부터 20여 년 전 대학을 다닐 때 이미 인공지능이라는 과목이 있었다. 인공지능 연구실과 교수님들도 계셨으니 이 기술 분야가 꽤 오래됐다는 걸 짐작할 수 있다. 나는 그 과목을 들으며 팀 프로젝트로 신경망 모델을 프로그래밍한 기억이 난다. 프로젝트를 하기 위해 팀원들과 학교 전산실에 있는 대형 유닉스 시스템에 접속하여 열심히 프로젝트를 했었다. 당시는 인터넷이 없던 시절이라 지금과 같이 쉽게 정보를 얻기가 힘든 시절이었다. 그래서 만약 프로그래밍 후 결과가 제대로 나오지 않으면 밤을 새우며 스스로 원인을 분석하여 에러를 잡는 일이 허다하였다. 당시 나에게 인공지능이란 학점을 잘 따기 위한 하나의 과목이었지 그 이상의 의미는 없었다. 하지만 20여 년이 지난 지금 인공지능은 새로운 시대를 끌어갈 수 있는 브레인 역할을 담당하고 있다. 앞으로는 비즈니스와 IT를 융합하여 새로운 가치를 만들어야 하는 시대가 올 것이고, 현재 20년 넘게 IT와 관련된 일을 하고 있는 나로서는 그때 컴퓨터라는 학문에 더욱 열정을 쏟아붓지 못한 것이 아쉬움으로 남아 있다. 하지만 다행히 대학원 시절에는 지도 교수님과 박사과정 학생들과 열띤 토론을 거치며 IT 기술에 대한 깊이 있는 연구를 할 수 있는 기회가 있었다. 그때 만든 근력이 지금까지도 IT의 맥을 놓치지 않고 트렌드를 읽어내는 데 많은 도움을 주고 있다.

당시는 유비쿼터스 시대가 올 거라는 기대감에 많은 IT 연구 및 사회적 관심이 지금만큼 많았던 시대였다. 운전자가 점심시간에 차를 타고 도로를 가면, 차 앞 유리에 근처 맛집 정보를 디스플레이함으로써 식사 장소를 찾기 위한 시간을 줄여준다. 또한, 퇴근 후 집에 들어오면 자동으로 실내등이 켜지고, 욕조에 물이 받아지고, 자신이 좋아하는 야구 경기가 TV에서 나오는 등 일상생활에서도 편리한 세상이 곧 올 것만 같았다. 나 역시 관련 프로젝트를 적지 않게 수행하였다. 지금 4차 산업에서 말하고 있는 앞으로 우리 생활의 모습과 일부 유사하다. 당시 유비쿼터스 환경에 필요한 핵심 기술은 임베디드 기술이었다. 우리가 보이지 않는 곳에 컴퓨팅할 수 있는 소형 기기들이 탑재되어 서로 통신을 하며 사람들이 원하는 서비스를 제공해 주겠다는 것이었다. 지금의 IoT 기술의 기본 개념과 비슷하다. 하지만 그러한 모든 사물이 연결되어 사람 중심으로 서비스가 제공되는 사회는 오지 않았고 모바일 중심으로 서비스가 제공되는 세상으로 재편성되었다. 유비쿼터스 기술이 지금까지 진화 발전되어 왔다면 아마 4차 산업이 좀 더 당겨지지 않았을까 생각한다.

하지만 무엇보다 그 당시에 가장 중요한 하나를 놓치고 있었다.

바로 데이터의 가치이다. 즉, 데이터가 돈이 된다는 생각을 못했던 것이다. 그러다 보니 컴퓨터의 프로세싱에만 관심을 갖고 정작 엄청나게 발생할 데이터에 대한 분석에는 소홀했던 게 사실이다. 물론 통계적 분석에 대한 발전도 지속되고 있었지만, 알고리즘 자체가 전혀 다른 인공지능 기술은 계속 정체되고 있었던 시대였다. 빅데이터를 수집할 수 있는 방법도 없었고, 설사 그러한 데이터를 수집한다고 해도 어떻게 보관하고 누가 보관할지에 대한 구체적인 기술적 대안이 없었기 때문이다.

IT는 바이오나 물리학의 기술과는 다르게 발전해 왔다. 즉, 새로운 단백질을 발견하여 인간 의료 수준을 높이거나, 새로운 입자 원리 및 구조를 만들어 온 '발견의 역사'와는 구별된다. IT는 1950년대 디지털 컴퓨터 프로세서를 발명한 이후 지금까지 컴퓨팅 기술의 응용과 효율이 주가 된 '개선의 역사'를 밟아 왔다. 따라서 지금 우리가 4차 산업혁명의 핵심이라고 하는 IoT, 빅데이터, 인공지능 기술을 이해하기 위해서는 지금까지 뿌리로부터 파생된 컴퓨팅 기술의 맥을 잡고 있을 필요가 있다. 그래야 현 IT 관련 기술 수준을 보다 정확하게 인지할 수 있고, 일부 사회학, 인문학 관점으로 미래 사회를 과대 해석하는 것을 보다 절제하여 실현 가능 전략에 집중할 수 있을 것이다.

컴퓨팅이란 컴퓨터가 0과 1을 계산하는 능력과 방법을 말한다. 이러한 컴퓨팅의 대표적인 종류로는 데이터를 처리하는 구조와 방식에 따라 순차 및 병렬 컴퓨팅, 분산 컴퓨팅 등이 있다. 물론 OS와 통신, 네트워크, 그래픽스 등의 기술도 IT 발전에 큰 역할을 해왔지만, 0과 1의 디지털 세상을 처음 가능하게 했던 것은 컴퓨터 프로세싱 기술이다.

1980년도에 미국에서는 기존에 컴퓨터가 한 번에 하나씩의 데이터를 처리하는 순차적 처리 방식으로 인해 고성능의 컴퓨팅이 불가능한 점을 극복하고자 한 번에 여러 개의 데이터를 처리할 수 있는 병렬 컴퓨팅 기술을 개발하였다. 이러한 병렬 컴퓨팅 기술의 발전에도 불구하고 정보화 시대라고 하는 2000년대는 소셜네트워크, 모바일 등으로 인한 엄청난 데이터가 발생하고, 그러한 데이터를 보관하고 유통할 수 있는 보다 진보된 기술이 필요하였다. 사실 병렬 컴퓨팅 기술이 핵심인 슈퍼컴퓨터는 성능 면에서 기존과는 비교할 수 없을 만큼 뛰어났지만 가격이 비싸고 유지 보수가 상당히 어려웠다. 따라서 저비용으로 슈퍼컴퓨터와 비슷한 성능을 발휘할 수 있는 분산 컴퓨팅 기술이 주목받았고 개발이 가속화되었다. 이 기술은 여러 개의 분산된 데이터 저장 장소와 처리기들을, 네트워크로 연결하여 서로 통신을 하면서 동시에 일을 처리하는 방식이다. 쉽게 말하자면 상위 컴퓨터에서 그 하위에 있는 컴퓨터에게 작업 일부분들을 할당, 분산시켜서 작업을 수행하게 하는 것이다. 여러 컴퓨터가 작업을 나누어 처리하므로 작업 처리 속도가 빨라져 성능 향상을 할 수 있고, 데이터를 여러 저장 장소에 저장하므로 데이터가 보다 안전하게 처리될 수 있다. 물론 분산되어 있는 처리 및 저장 장치의 가격은 슈퍼컴퓨터에 비해 상당히 저렴하다. 대표적으로 클러스터과 그리드 컴퓨팅이 있다. 둘 다 분산되어 데이터를 처리하는 방식에서는 비슷하지만, 클러스터 컴퓨팅의 경우 상위 컴퓨터와 하위 컴퓨터가 항상 같은 구조로 처리되지만 그리드 컴퓨팅의 경우는 상위, 하위의 개념이 없고 모두 같은 동료의 개념으로 데이터를 처리한다는 점에서 구별된다.

이러한 분산 컴퓨팅 기술은 4차 산업 시대에 그 능력을 제대로 발휘한다. 엄청난 데이터를 빠른 시간 내에 분석할 수 있는 빅데이터 분석이나, 그러한 분석을 직접 컴퓨터를 소유하지 않고도 IT 전문 회사의 데이터 센터에서 대신 분석하고 인터넷을 통해 전달해 줄 수 있는 클라우드 서비스 등의 핵심 기술이 바로 분산 컴퓨팅이다. 최근에는 빅데이터 분석을 한다고 하면 대부분 하둡이라고 하는 분산 컴퓨팅 기술 표준을 고려하고 있다. 현재 하둡은 누구나 개발할 수 있는 오픈소스로 제공되고 있기 때문에 대기업부터 작은 벤처기업까지 대용량 데이터 처리가 필요한 경우에 누구나 손쉽게 구현하여 서비스를 제공할 수 있다. 아마존, 구글과 같은 클라우드 서비스 회사는 메일, 포탈, 업무 시스템 등 인터넷상에 존재하는 모든 것을 고객이 월 과금만 지급하면 사용할 수 있도록 해준다. 이러한 클라우드 서비스는 자신들이 구축한 또는 임대한 데이터 센터를 통해 제공되는데, 그 안에 저장된 엄청난 정보를 분석하고 제공하기 위해서는 분산 컴퓨팅 기술이 필요하고 현재 대부분 하둡을 활용한다.

인공지능이 지금처럼 주목받고 있는 이유도 밑에서 받쳐줄 수 있는 분산 컴퓨팅 기술이 있기에 가능하다. 인공지능은 기술적으로 말하면 우리가 원하는 대상을 분석하기 위한 알고리즘의 집합이다. 이 중 최근 가장 주목받고 있는 CNN_{Convolution Neural Network}의 경우 기존의 Rule Based 알고리즘처럼 입력부터 결과까지 모든 과정을 규칙화 해온 알고리즘이 아니라, 입력값과 결괏값만 정의하고 반복 훈련을 통해 중간 과정을 만들어 내는 알고리즘이다. 이렇게 만들어진 과정_{인간이 해석할 수 없는}만 취하여 다른 입력값을 넣더라도 정확한 결과를 만들어 낼 수 있다. 과거에는 인공지능 알고리즘의 성능이 낮았던 가장 큰 이유 중에 하나가 CPU와 GPU 등 하드웨어 성능이 낮았기 때문이었다. 하지만 지금은 하드웨어 성능도 상당히 올라갔다. 무엇보다 하둡과 같은 분산 컴퓨팅 기술을 통해 대량의 데이터를 컨트롤할 수 있는 기술이 받쳐주어 삼박자가 모두 갖추었기 때문에 지금 4차 산업 시대의 성장엔진으로 주목받고 있다.

과거의 IT는 기술 자체로서의 의미가 있었다. 네트워크를 구축하고, ERP를 도입하고, 메일 시스템을 만드는 것이 하나의 큰일이었고 가치 있는 일이었다. 하지만 지금은 정보를 분석해서 가치를 만들어 내는 것이 시대적 목적이 되었다. 따라서 앞으로 기업의 IT 전략은 생산과 사무 현장 또는 시장 정보를 수집하고 분석하여 가치 판단을 할 수 있는 방향으로 집중될 것이다. 이때 올바른 데이터 분석을 위해서는 4차 산업혁명 시대 정보기술 삼형제로 불리는 IoT, 빅데이터, 인공지능의 본질이 무엇인지에 관해 이해할 필요가 있다.

사물인터넷(IoT)은 연결보다는 융합

영화《마이너리티》리포트에서 주인공은 허공에 손을 휘저으며 각종 자료를 찾는다. 그리고 1급 보안 연구실 안에 들어가 물건을 빼오려고 하지만 사람의 숨소리까지 알아낼 수 있는 센서들이 모두 연결되고 감시하고 있어 어려움을 겪는다. 또한, 도로를 꽉 메운 자동차들은 스스로 자율 주행으로 다니지만 아무리 빠른 속도로 달려도 서로 충돌하지 않는다. 왜냐하면, 모든 것이 연결되어 정확히 공간을 인식하고 있기 때문이다. 이렇듯 사람의 개입 없이 사물 간에 상태 정보를 서로 주고받아 최적 안을 도출할 수 있는 기술을 통틀어 '사물인터넷 IoT, Internet of Things'이라 한다.

IoT란 용어는 거의 20년 전부터 사용되어 왔으나, 그 의미에 대한 명확한 합의는 아직 이루어지지 않고 있다. 글로벌 IT 제조사 HP가 2016년 총 3,100명의 IT와 비즈니스 의사 결정자들을 대상으로 인터뷰를 설문조사한 결과, 응답자의 98%가 IoT 용어를 이해한다고 주장했으나, 그들이 내놓은 대답은 저마다 다양하였다. 응답자 중

67%가 IoT는 '모든 사물에 인터넷이 가능하도록 연결하는 것'이라고 답하였다. IoT 정의에 관해 1위를 차지한 답변이었다. 그러나 이것은 1999년 '사물인터넷Internet of Things'의 개념을 처음 창시한 캐빈 애쉬튼Kevin Ashton의 정의와는 다르다. 그는 자신의 최신 저서 《IoT의 이해》에서 스마트 토스터를 예로 들어 다음과 같이 설명하였다. "사물인터넷이 원래 이름에 '스마트'라는 단어가 추가된 단순한 최신 가전제품을 의미한다면, IoT는 그다지 흥미롭지 않을 것이다." 아직까지도 많은 기업과 사람들이 IoT를 기능의 편리함 또는 단순 연결을 목적으로 하고 있다는 것을 알 수 있다.

 IoT는 정보의 융합 관점으로 생각하는 것이 중요하다. 사물들을 연결했을 때 어떠한 가치를 만들어 낼 수 있는지를 고민해야 한다는 것이다. 예를 들어 어떠한 사람이 새벽 늦게 귀가해서 차량을 주차했을 때와 아침에 일어나 출근하기 위해 차에 시동을 걸 때의 정보는 개별로 본다면 서로 상관관계가 없을 수도 있다. 하지만 그 사람의 안전이라는 가치를 목적으로 해보자. 그러면 출퇴근 시 차량 시동 정보들을 융합하여 그 사람이 잠을 얼마 자지 못했다는 것을 알아낼 수 있고, 그로 인해 아침에 출근을 위해 운전할 때 위험이 예상된다는 결론을 얻을 수 있다. 그래서 운전하는 동안에 차량 실내 공기 온도를 평상시보다 낮게 조절할 수 도 있고, 긴장을 유도하는 뉴스나 음악을 제공하여 최대한 안전하게 운전할 수 있도록 도와줄 수 있을 것이다. 즉, 융합했을 때의 가치를 먼저 생각하면 연결되는 대상이 달라지고 어떻게 연결할지가 보이게 되는 것이다. 또 다른 예로, 포스코 제철소에는 많은 설비들이 있다. 각각의 설비에는 온도, 압력, 속도 등을 측정할 수 있는 센서들이 부착되어 있다. 반제품이 해당 설비를 지나갈 때 센서를 통해 품질에 관한 이상 유무를 체크하여 만약 문제가 생기면 작업자가 설비를 멈추고 해당 제품을 확인하는 프로세스를 수행한다. 이것이 현재 제철소의 모습이다. 하지만 개별이 아닌 하나의 큰 생산성 향상이라는 목적을 생각한다면 각각 설비의 상태로 끝나는 것이 아니라 설비들 간의 상호작용에 관심을 가지게 될 것이다. 즉, 설비 간에 정보를 주고받으며 앞 공정의 위치한 설비의 제품 진행 상태에 따라 뒤 공정 설비의 제어 상태를 조절하여 전체적으로 최적 생산 스케줄링이 되도록 초점을 맞추게 될 것이다. 미국, 독일 등 선진국들은 IoT의 융합적 가치를 크게 두 가지 방향으로 추진하고 있다. 하나는 지금 산업 환경에서의 획기적 비용 절감이고 다른 하나는 새로운 고객 가치 창출이다. 산업 분야에서의 비용 절감은 이미 1990년대 이후 정보화 시대의 IT 기술을 통해 상당한 효과를 보았다. 하지만 IoT가 추구하는 방향과 가장 큰 차이점은 과거 공장에서 재료 조달, 생산, 물류 및 판매까지 서플라이 체인 Suply chain 상에 각각에 대해 분업화하여 최적으로 운영할 수 있는 방안을 추구했다고 하면, 앞으로는 전체를 융합했을 때의 새로운 가치인 '속도'에 집중하고 있다는 것이다. IoT는 기획, R&D, 설계, 조달, 생산, 물류, 판매, 보수 등 제조 전반을 디지털 가상공간으로 연결하고 통합한다. 그렇게 되면 기존처럼 설비나 장치의 상황에 제품 생산을 맞추는 것이 아니라, 고객이 요구하는 제품을 중심으로 생산 계획 및 환경이 신속하고 오차 없이 변경할 수 있게 될 것이다. 또한, 인간이 수작업으로 했던 영역들은 모두 생략되고 365일 24시간 무인으로 생산할 수 있는 새로운 디지털 판이 생겨 기존과는 비교할 수 없는 빠른 속도를 제공할 것이다.

IoT는 공장 내부의 자동화, 효율성을 제공할 뿐만 아니라 일상의 고객에게도 새로운 경험과 가치를 제공할 수 있다. 모든 것이 연결되고 융합된 디지털 판에서 만들어진 제품은 자신의 상황을 표현하고 주변과 대화할 수 있는 지능을 갖게 함으로써 고객은 이러한 제품을 단순히 물건 이상의 가치를 느끼게 될 것이다. 자율 주행 자동차가 더 이상 자동차가 아닌 새로운 로봇카로 규정되면서 기존 제품의 콘셉트를 근본적으로 혁신하고 있는 것처럼 운동화나 옷, 가전제품도 지성을 가진 새로운 제품 콘셉트로 혁신되기 시작하였다. 일본의 가전 제조사 샤프가 2015년 말에 출시한 전자레인지는 잡담 및 대화가 가능하여, 사용자의 요리 습관을 파악해 맞춤 서비스를 스스로 생각해서 제공한다. 또한, 의료 분야와 IoT의 융합으로 고객의 가치를 창출하는 것은 우리가 4차 산업 분야에서 가장 기대하고 있는 것 중의 하나이다. 병원에 IoT를 위한 웨어러블 디바이스들이 보급되고, 환자들이 다양한 IoT 의료기기를 이용하게 되면 어떤 변화가 있을까? 우선 병원 입원 환자들이 그동안 귀찮아했던 간호사들의 혈압과 체온 측정 등 기초 생체 신호를 측정하는 데 쓰는 시간을 단축할 수 있을 것이다. 너무 작은 부분이 아니냐고 생각할 수도 있겠지만, 실제 병원에서 간호사 업무 시간의 상당 비중이 이 작업에 소요된다. 더 나아가 구글 글래스 같은 안경 형태의 웨어러블 장치를 사용하게 되면 의사가 자신이 수술하고 있는 수술실 상황을 전 세계에 흩어져 있는 의료 전문가들과 인터넷 중계로 실시간 의료 도움을 받을 수 있는 환경이 될 것이다. 환자 입장에서는 단지 100달러 정도의 안경이 자신의 수술 성공률을 직접적으로 높여줄 수 있으므로 기존에는 얻지 못한 새로운 가치를 충분히 받을 수 있다.

  IoT는 장기적으로 모든 산업의 형태, 비즈니스 모델을 혁신할 것으로 보이며, 이에 능동적으로 대응하는 역량을 지속적으로 축적해 나갈 필요가 있다. 앞에서 살펴본 사례에서 보듯이 이제는 제조업을 포함하여 소비재, 의료 분야까지 기존의 비즈니스 모델을 유지하기가 어려워지게 될 것이다. 따라서 IoT의 연결 기술을 비즈니스와 융합할 때의 가치를 먼저 찾아내고 전략적으로 활용하는 것이 필요하다. 우리 주위에서도 이미 단순 소프트웨어를 개발해 판매하던 업체가 IoT 제품으로 발전하면서 이를 관리까지 할 수 있는 IT 서비스 업체로 발전한 모습을 볼 수 있다. 또한, 가전제품 제조사의 경우에도 단순한 가전제품에서 스마트 IoT 제품을 생산하고 이러한 똑똑한 가전제품을 모니터링하고 컨트롤할 수 있는 서비스 비즈니스로 확장하고 있다. 최종적으로는 집 안 전체를 관리하는 스마트홈 시스템 업체로 비즈니스가 성장될 것이다. 이렇듯 IoT를 융합의 개념으로 접근하게 되면 기존의 비즈니스에서 미처 생각하지 못한 새로운 비즈니스로 변화할 기회가 마련될 것이다.

아날로그 운송 수단의 대표적인 자동차 산업의 경우도 인프라와 주행 장치가 IoT로 연결되어 자율 주행이 가능한 하드웨어적인 변화가 시작되었다. 그러나 우리는 자동차가 소유 개념에서 공유 개념으로 변화하고, 자율 주행 택시가 고객이 원하는 어디든 갈 수 있는 소프트웨어적인 변화에 주목해야 할 것이다. 왜냐하면 운송의 자율이라는 패러다임의 변화는 기존 주차, 도시 교통, 물류 간에 끈끈하게 엮여있던 비즈니스 경제를 전면적으로 재편하여 새로운 가치를 만들어 낼 것이기 때문이다.

빅데이터는 스몰데이터부터 먼저 알자

지금 우리는 어떻게 하루하루를 살아가고 있는가? 주변을 둘러보면 맛집에 가서 인증샷을 찍고 바로 페이스북, 인스타그램 등 SNS에 사진을 올리며, 스마트폰으로 기사를 읽고 온라인 쇼핑을 하며 신용카드로 결제를 하는 사람들을 흔하게 볼 수 있다. 큰 의미 없는 일상생활인 것 같지만 행동 하나하나가 모두 데이터로 쌓이고 있다. 이른바 '빅데이터' 시대이다. 4차 산업혁명 시대에 인간을 대신해 줄 브레인인 인공지능AI도 빅데이터 덕분에 더욱 발전하고 있다. 하지만 빅데이터를 분석하는 전문가들조차 어디서부터 어디까지를 빅데이터라고 하는지, 그리고 어떠한 데이터를 빅데이터라고 하는지, 과거의 데이터와 무슨 차이가 있는지 확연하게 구분 지어 설명하기가 힘들다고 하나같이 말하고 있다.

빅데이터 분야 최고의 전문가 중 한사람인 토머스 데이븐포트T. H. Davenport 교수조차 자신의 저서에서 "빅데이터라는 단어 자체가 많은 오해를 양산할 수 있는 가능성이 있기에 처음에는 사용하기를 망설였다."라는 사실을 고백하고 있다. 이와 함께 데이브포트 교수는 빅데이터라는 개념이 성립하려면 그 반대편에 대비될 수 있는 스몰데이터 개념이 명확해야 된다는 점도 이야기하고 있다. 우리가 빅데이터가 필요했던 이유는 크게 두 가지 모습으로 구분될 수 있다.

하나는 개개인의 특성에 맞는 맞춤형 제안을 한다는 것, 나머지 하나는 텍스트, 오디오, 비디오 등 구조화되지 않은 Unstructured 비정형적인 데이터로부터 전체적인 구조나 패턴을 보여준다는 것이다. 이 과정에서 과연 우리는 진정으로 매우 큰 데이터만에 관심을 가지고 앞으로 4차 산업혁명 시대에 지금보다 비교도 안 될 데이터 발생으로부터 올바른 분석을 할 수 있을지 고민해봐야 할 것이다. 데이터의 양이 중요한만큼 질도 중요하기 때문이다.

〈Data Scientist: The Sexiest Job of 21st Century〉라는 글을 발표하며 전 세계를 데이터 사이언스 열풍에 몰아넣었던 파틸 D. J. Patil 은 최근의 현상에 대해 데이터만 빅이고 정작 이에 대한 분석은 스몰 Big Data Small Math 이라고 경고하고 있다. 따라서 우리가 놓치고 있는 스몰데이터에 대한 올바른 이해와 방법이 정립되어야만 빅데이터 분석의 올바른 전략을 내세울 수 있을 것이다. 그리고 스몰데이터 활용을 통해 빅데이터에 대한 올바른 질문을 던질 수 있을 때, 진정한 데이터의 가치를 만들어 낼 수 있다.

스몰데이터는 개개인 또는 객체의 상황이나 필요, 상태, 패턴 등 사소한 행동에서 나오는 정보들을 말한다. 그리고 개인 또는 객체에 대한 관찰과 현상을 정확하게 분석하고 거기에서 의미있는 결과를 도출하는 방식을 말한다. 미국 타임지 선정 세계에서 가장 영향력 있는 100인 중의 한 사람인 린드스로 컴퍼니의 CEO 마틴 린드스트롬은 스몰데이터의 중요성에 대해 "고객이 당신의 여자친구라고 했을 때, 우리가 빅데이터 분석으로 그녀를 사랑한다면 키가 165cm이고, 전화번호 뒷자리가 마음에 들어서 사랑하는 것과 마찬가지다. 감정적인 부분이 빠져있다는 것이다."라고 설명하였다. 즉 앞으로의 시장 환경에서는 고객 개개인의 감성 DNA를 알고 거기에 알맞은 맞춤형 서비스가 제공되어야 한다. 이는 방대한 양의 데이터의 추이와 패턴을 분석하는 빅데이터와는 접근 방식과는 확연히 구분된다. 또한, 기업 입장에서도 지금의 불확실하고 빠르게 변하고 있는 경영 환경에서 스몰데이터는 쉽고 빠르게 분석하고 효율적인 관리가 가능하여 의사 결정의 속도를 상당히 높일 수 있다. 하지만 단순히 데이터가 작다고 해서 바로 유용한 결과로 이어지는 것은 아니다. 불필요하게 많은 데이터를 확보하는 시간을 줄일 뿐 데이터와 관련된 상황에 대한 이해와 방법은 더욱 필요하다.

  예를들어, 어떤 기업 내 문제를 스몰데이터를 활용해서 풀기 위해서는 다음의 세 가지 사항을 고려해야 할 것이다. 우선, 큰 문제를 잘게 쪼개서 관리 가능한 수준의 작은 문제로 변형할 수 있어야 한다. 이는 문제가 있다고 판단되는 개개별 현상에 대한 정량적, 정성적 관찰과 조사를 통해서 빅데이터가 놓칠 수 있는 정보를 끄집어 낼 수 있기 때문이다. 다음으로는 회사의 경영 전략, 다른 사안과 비

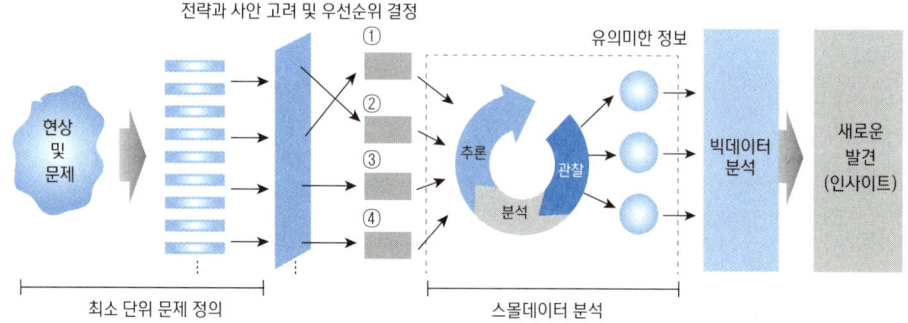

| 스몰데이터를 활용한 분석 |

교했을 때의 중요성, 그리고 긴급성 등을 고려해서 우선순위를 결정한다. 조직의 특성과 상황적인 필요에 따라서 이 내용의 긴급성과 중요성의 순서가 조금씩 바뀔 수도 있다. 그러나 대부분의 경우에서 이 모두가 동시에 고려되어야 한다. 마지막으로 트라이 앤 에러Try and Error를 통해 스몰데이터에 대한 훈련을 반복한다. 즉, 근육을 키우는 과정이다. 미리 정해진 답을 놓고 문제를 푸는 것과는 다르기 때문에 실패 과정에서 얻어지는 부산물은 어떤 다른 문제를 풀어야 하며, 어떤 다른 방식으로 분석해야 하는가와 같은 수많은 값진 교훈들을 준다. 이렇게 스몰데이터 분석을 통해 나온 유의미한 정보는 일반화가 가능한지 빅데이터 분석을 통해 검증한다.

최근 에어비앤비AirB&B가 빅데이터로 당면한 과제를 풀어나가며 성공을 이끈 이면에는 스몰데이터가 있었다. 자신들의 전략과 연계된 가설을 설정하고, 실험을 통해 의사결정을 짓기 위한 중요하고 긴급한 문제를 도출할 때 스몰데이터로 접근한 것이다. 즉, 현지 집주인의 행동에 대한 관찰과 그들과의 인터뷰를 진행하여 예약에 영향을 미치는 특징으로 숙박시설의 사진의 품질이라는 사실을 알게 되었다. 이를 검증하기 위해 빅데이터 분석을 활용하여 약 50만 건 이상의 데이터로부터 패턴을 분석하여 사진 품질과 예약률 간의 상관관계를 조사한 결과 연관성이 있다는 것을 확인한다. 이후 에어비앤비는 오래되거나 대충 찍은 사진을 올린 등록 숙박시설의 사진을 고품질의 촬영 사진으로 교체하면서 실효성 여부를 따져 봤다. 그 결과 기대 이상으로 예약률이 높아지자 전문 사진작가 촬영 지원 서비스를 본격적으로 제공하기 시작하였다.

 이와 같이 빅데이터 분석으로 효과를 거두었다고 말하는 기업들 상당수가 스몰데이터를 이용한 유스케이스를 점점 확대해 독보적인 분석 체계를 갖추었다는 점이다. 앞으로 4차 산업 시대에 데이터 분석 전문가는 빅데이터뿐만 아니라 스몰데이터에 대한 분석 역량도 상당히 요구받을 것이다. 이는 최근 제조업체들이 데이터는 풍부하지만, 정보는 부족한 현상을 겪고 있다고 하소연하는 상황에서 보면 알 수 있다. 여기서 제품과 관련된 유의미한 정보를 얻기 위해서는 결국 생산 단위 설비 장치까지 내려가서 각각에서 발생하는 데이터 의미를 찾아내고 분석하여 하나의 객체화한 다음 이들을 전체로 묶어 맵을 구성할 수 있어야 한다. 4차 산업혁명이라는 새로운 패러다임에서는 산업 현장 전체로 봤을 때는 빅데이터를 분석하여 생산 추이나 예측 등 거시적 지표를 다루는 것도 의미가 있다. 하지만 결국 이러한 결과를 만들어 내기 위해서는 개개의 기계 장치가 가지고 있는 각자 고유의 상태와 능력을 제대로 알 수 있어야 한다. 즉 단위 기계 장치별로 발생하는 스몰데이터를 분석하여 고유의 상황을 파악한 다음 이러한 기계들이 모두 연결되어 전체의 결과를 판단할 때 빅데이터 분석 관점에서도 의미가 있다는 것이다.

글로벌 자동차 메이커 볼보는 2012년 제조 과정에서 발생하는 빅데이터를 분석하여 고객이 제기하는 품질 또는 성능 문제를 사전에 찾아내어 대응하기 위한 시도를 하였다. 우선 자신들의 공장 내 제조 공정별로 발생하는 모든 데이터를 수집하여 불량률을 파악하였다. 하지만 패턴은 파악하였지만 원인을 찾아 프로세스를 개선하기 위해서는 다른 접근 방법이 필요하였다. 그래서 볼보는 자신들이 생산한 자동차를 운행하는 개개인들로부터 발생하는 데이터를 분석하는 것으로 방법을 바꾸었다. 즉 자동차에 내장된 많은 센서와 CPU를 이용하고 운행 과정에서 특이하게 발생되는 개인별 데이터를 수집하여 스몰 데이터 분석을 하였다. 이로 인해 제조 과정에서는 알기 어려웠던 특정한 상황에서의 결함 내용과 성능에 관한 소비자의 니즈를 파악할 수 있었고, 이에 대해 선제적으로 대응함으로 소비자의 신뢰를 한층 높일 수 있었다. 이러한 스몰데이터의 활용으로 볼보는 종래에 70만 대의 차가 팔릴 후 제기되었을 결함을 1,000대 판매 시에서 포착하는 등의 개선 효과를 얻을 수 있었다.

4차 산업혁명은 데이터가 비즈니스를 만들어 내고 이를 통해 가치를 창출해 낼 수 있는 기회를 제공해 줄 것이다. 더군다나 인공지능 등의 IT 기술이 인간 대신 데이터를 분석해 줄 수 있는 수준이 될 것이라고 기대하고 있다. 하지만 결국 빅데이터를 활용해 앞으로 나아갈 방향을 결정하고, 스몰데이터 분석으로 감정적 상태 또는 니즈를 분석하는 것은 여전히 우리 인간의 몫이라는 사실은 변하지 않는다는 것을 알아야 한다.

AI에 대한 우리의 기대는 성능 아닌 속도이다

인간의 영역이라고 믿었던 지식 활동의 자리인 바둑에서 AI_{인공지능}가 인류 대표를 꺾으며 큰 충격을 안긴 가운데 점점 발전하는 AI에 대한 사람들의 두려움과 불안감도 커지고 있다. 이는 어찌 보면 공상과학 영화에서 단골로 등장하는 '인간의 능력을 뛰어넘은 기계가 인류를 지배하는 모습'이 현실화되지 않을까에 대한 막연한 공포심에서 비롯된 감정일지 모른다. 이미 마이크로소프트의 창업자 빌 게이츠는 "인공지능은 미래에 인류에게 위협이 될 수 있다."라고 경고한 바 있고, 영화 《아이언맨》의 실제 모델로 유명한 일론 머스크 회장 역시 "인공지능은 악마를 소환하는 것이나 마찬가지", "인공지능은 핵무기보다 위험하다."라는 등의 극단적인 발언을 해가며 인공지능의 위험성을 우려하기도 하였다.

그러나 AI 전문가들은 공상과학 영화에서 보여지는 강한 인공지

※ 강한 인공지능(Strong AI): 약한 인공지능(Weak AI)에 대비되는 의미로 일반적인 사물의 분석, 이해 등의 수준을 넘어 감정, 자아, 창의성 등을 가지고 인간과 동일한 지성체로 판단할 수 있는 수준의 인공지능

능*에 대해 과도한 공포심을 가질 필요가 없다고 말한다. 현재 1초에 40억 번이나 계산이 가능한 컴퓨터가 있지만 인간의 지능과는 본질적으로 다르다며 어떤 사물을 인식하는 등의 '인지 능력'에서는 인간을 따라갈 수준이 안 된다고 한다. 이미 20여 년 전에 인공지능 프로그래밍을 해본 나의 생각도 아무리 특정 분야에서 인간이 판단하는 것과 유사한 방식으로 계산하는 컴퓨터라 할지라도 그 능력과 결과에 있어 인간이 만들어 놓은 큰 규칙과 룰을 크게 벗어나지 못할 것이라고 보고 있다.

그렇다고 인공지능의 발전과 전망을 과소평가하면 안 된다. 왜냐하면, 우리는 지금의 인공지능 능력 수준을 보는 것이 아니라 앞으로의 진화 속도를 보아야 하기 때문이다. 이세돌 9단이 구글이 만든 인공지능 알파고와의 첫 대국에서 패배하자 많은 사람이 경각심을 느꼈다. 인간이 약 20년 이상 훈련을 통해 얻어야 하는 경험을 단 6개월만의 훈련을 통해 축적하고 활용하였다고 하는 바로 그 속도 때문일 것이다. 이미 IT가 우리의 생활과 산업 전반에 깊숙이 들어와 지속적인 혁신의 도구로써 제공되고 있다. 그럼에도 불구하고 4차 산업혁명이라는 새로운 패러다임을 제시하는 이유 중의 하나가 바로 인공지능의 속도에 대한 기대감 때문인 것이다.

유명한 뇌과학자 샘 해리스 말에 의하면, 로봇의 전자회로는 인간의 생화학적 전자회로보다 100만 배 더 빠르다고 한다. 만약 어느 개발자가 마침내 자신의 수준과 같은 지능을 가진 로봇을 개발하였다고 가정하면, 그 순간부터 그 로봇의 생각 속도는 개발자 생각의 속도보다 100만 배 빨라질 수 있다는 것이다. 이를 컴퓨터 시뮬레이션으로 돌려보면 이 로봇의 인공지능은 단 1주일 만에 개발자의 2만 년에 해당하는 일을 할 수 있을 것이라는 결과가 나온다.

최근 포스코는 광양에 있는 제철소에서 철판을 압연하여 가공하면서 발생하는 불량을 측정하고 판단할 때 정확성을 높이는 인공지능 시범 프로젝트를 수행하였다. 기존에는 해당 설비에서 가공 후 전문가의 오랜 경험으로 빠르게 판단하여 만약 문제가 발생할 시 다음 공정으로 해당 철판이 흘러가지 않도록 수동으로 조치를 취해야만 하였다. 따라서 전문가의 의존도가 상당히 높았다. 하지만 비록 시범 프로젝트였지만 영상 인식 기술과 딥러닝 기술로 95% 이상의 불량 측정과 판단, 자동으로 컨트롤이 가능한 걸 보여주었다. 20년 넘게 경험해온 전문가의 노하우가 단 몇 달 만에 인공지능으로 전수되는 것을 직접 눈으로 보았던 것이다.

이렇게 인공지능이 빠른 속도로 진화할 수 이유는 IoT, 빅데이터, 클라우드 기술의 삼박자가 모두 갖추었기 때문이다. 예를 들어 의료 분야에 인공지능을 활용하고 싶다고 한다면, 우선 그 영역에 있는 모든 사람 및 사물의 상태 정보가 수집되어야 한다. 이를 가능하게 하는 것이 IoT 기술이다. IoT 기술은 의료 환자의 24시간 모든 활동 정보를 디지털로 수집할 수 있게 한다. 아침 6시에 일어나서 운동은 몇 시간 했는지, 어떤 식사를 했는지, 낮잠은 얼마 잤는지, 컴퓨터는 몇 시간 했는지, 심지어는 걸어다녔던 습관까지 디지털 정보로 수집할 수 있게 한다. 이렇게 수집된 정보는 빅데이터 기술을 통해 하나로 모으고 정제하여 인공지능 알고리즘이 분석하고 판단할 수 있는 의미 있는 데이터로 만들어 준다. 예전에는 환자의 정보를 수집할 수 있었다 하더라도 보관하고 처리할 수 있는 기술 수준이 낮아, 일부의 정보밖에 활용할 수 없었다. 하지만 빅데이터 기술의 발전으로 환자 한 명당 하루 평균 수백 기가에서 테라바이트까지도 발생할 수 있는 엄청난 데이터를 감당할 수 있게 되었으며, 더군다나 자신이 보관하지 않고 구글, 아마존과 같은 IT 전문회사의 데이터센터에 저장하고 필요할 때만 사용할 수 있는 클라우드 서비스가 가능하여 인공지능이 꽃을 피울 수 있는 인프라 환경이 잘 갖추어졌다 할 수 있다.

또한, 인공지능이 학습하는 방법에 있어서도 앞에서 설명한 분산 컴퓨팅 기술이 활용되어 지능화 수준이 더욱 발전할 것으로 보인다. 즉 인공지능은 혼자 정보를 수집하고 학습하면 인간처럼 상당히 오래 걸릴 수 있다. 하지만 자신의 경험을 다른 인공지능에게 실시간으로 전송하고 공유하여 학습하게 된다면 그 효과는 배가 될 것이다. 따라서 인간이 배운 모든 경험을 수백, 수천 대의 인공지능이 동시에 학습하기 시작하면서 그동안 해결하지 못했던 문제도 단 며칠만에 해결할 수 있는 시대가 올 수 있을 것이다.

우리는 역사적으로 생각하지 못했던 혁신적인 기술 발전이 일어날 때, 이러한 신기술 도입으로 인해 사회적 공포가 확산되는 현상을 반복적으로 겪어 왔다. 새로운 기술이 도입될 때 우리 사회는 커다란 변화와 혼란을 겪기도 하지만, 한편으로는 저마다의 고민 속에 다양한 방식으로 새로운 기술에 적응하여 일상에 기술들을 도입해 활용하고 있다. 지금의 인공지능 역시 같은 패턴을 보일 것으로 예측되지만, 한 가지 주목해야 할 다른 점은 우리 사회에 파급되는 속도가 수확 체증의 효과를 보여 굉장히 빠른 속도로 다양한 산업에 영향을 줄 수 있다는 것이다. 그동안 기술 혁신의 속도는 직선이 아닌 지수적으로 빨라져 왔다. 반도체를 비롯한 TV, 라디오, PC, 인터넷, 스마트폰 까지 다양한 정보통신 기술은 서로를 보완하거나 대체하며 빠르게 진화해 왔다. 여기에 더해 기술은 더욱 복잡해져 왔다. 지금까지 이러한 기술은 우리 삶에 커다란 변화를 가져왔지만 기본적으로 서로 독립되어 있었으며 원래의 목적을 가지고 있어 용도대로 사용하면 되는 것이었다. 그러나 IT 기술, 특히 IoT와 같은 융합 기술이 발전하면서 자동차와 통신, 소셜미디어와 모바일 등으로 복잡하게 연결되어 사람이 그 기작을 파악하는 것이 사실상 불가능한 상황으로 발전하고 있다. 따라서 곡선으로 급속하게 발전하던 기술의 발전 속도가 더 이상 탄력이 붙지 못할 것이라는 예측이 여기저기서 나온 것도 사실이다. 더군다나 그동안 노동과 자본 이외에 기술 혁신이 과연 생산성에 기여해 왔는지에 관해 의심의 눈초리 역시 적지 않았다. 적어도 인공지능이 나오기 전까지는 그랬다. 하지만 인공지능은 현재의 기술 간에 복잡성을 수용하면서도 엄청나게 빠르게 진화하고 있다.

즉 인공지능은 한번 노하우를 쌓기 시작하면 이후 부터는 굉장히 적은 비용으로도 수십, 수백 배의 능력을 발휘할 수 있다. 자원의 의존성이 매우 낮다는 의미이다. 또한 한번 인공지능을 적용한 분야는 다른 기술로 전환하기 위한 비용이 상당히 높아 쉽게 대체하지 못한다. 이러한 특성으로 인해 인공지능은 지속적으로 수확체증의 경제적 효과를 보이며 영역을 넓혀갈 것으로 보인다.

이렇듯 인공지능에 우리가 거는 기대와 도전은 그 속도에 있다. 하지만 중요한 사실은 인공지능은 사람에 비유하면 늘 영양이 풍부한 고품질의 음식을 먹어야 하고 죽을 때까지 누군가가 돌봐줘야 하는 운명이라는 것이다. 즉 인공지능의 핵심은 얼마나 양질의 많은 데이터를 학습하느냐에 달려 있다. 하지만 처음에 고품질의 데이터를 충분히 학습했다고 해서 시간이 흐른 뒤 스스로 그러한 데이터를 학습할 수 있는 능력이 생기는 것은 아니다. 항상 인간이 옆에서 학습할 수많은 데이터를 검사하고 판단하여 양질의 데이터를 골라서 넣어 줘야만 인공지능은 기대 이상의 성과를 발휘할 수 있다. 따라서 지금 우리가 인공지능을 속도로 인한 기대감 이외에 인간의 지능 능력 이상으로 평가하는 것은 아직 시기상조일 수 있다.

SECTION Ⅱ

문제를 다르게 만들어 내고 있는 기업

SECTION 02

한계비용 제로를 목표로 하는 전략 추구

매일경제에서 주관하는 세계지식포럼은 2000년부터 매년 국내에서 개최되는 아시아 최대의 글로벌 비즈니스 포럼이다. 경제, 경영 분야의 석학들이 모여 세계 경제의 성장과 번영을 촉진하기 위한 혜안을 토론하는 자리이다. 나는 2014년 서울 장충동에서 열린 제15회 세계지식포럼에 참석하였다. 그 행사에서는 개최된 이래 처음으로 순수 경제 분야가 아닌 사물인터넷, 로봇 등으로 대표되는 미래 IT 기술 혁신에 관한 아젠다를 다루었다. 특히,《소유의 종말》저서에서 인류 경제의 한계비용이 제로가 될 미래 사회의 모습을 제시한 세계적인 경제학자 제레미 리프킨Jeremy Rifkin 교수를 직접 볼 수 있는 자리였다. 기업 내 전략 기획 업무를 하는 사람들은 IT를 경제나 경영 관점에서 바라볼 수 있는 좋은 기회였다.

제레미 리프킨은 그 연설에서 재화나 서비스를 한 단위 더 생산하는 데 들어가는 추가 비용을 뜻하는 한계비용이 기본적으로 제로 수준이 되어 상품의 가격을 거의 공짜로 만드는 이런 상태를 한계비용 제로 사회라고 하였다. 이런 사회가 현실이 된다면 소유의 개념은 사라지고 완전한 공유나 부분적 접속이라는 새로운 경제 활동 프레임이 만들어지게 된다는 것이다. 기존의 아날로그의 시장과 교역도 지리적 제약을 받지 않는 디지털 네트워크에 자리를 내주게 될 것이다. 이로 인해 물리적 자본과 경제 활동은 수축되고 탈물질화되어 정보, 지식, 눈에 안 보이는 힘, 관계 등이 기반이 되는 '무게 없는 경제 활동'이 활발해질 것이라고 말하였다.

2011년에 발간한 그의 저서 《제3차 산업혁명》에서 새로운 산업혁명은 이제 시작되었고, 현재의 산업 시기를 완성할 최종 단계라고 말하고 있다. 이는 클라우스 슈밥Klaus Schwab이 제시하고 있는 4차 산업혁명 역시 인공지능, IoT 등 새로운 IT 기술 중심의 극단적으로 효율적인 미래 사회를 추구한다는 점에서 일맥상통하다고 할 수 있다. 차이점이 있다면 클라우스 슈밥은 최근에 IT 신기술들이 제조 산업과 융합되고 지능화되어 새로운 경제 성장 판의 견인 역할을 할 것이라 말하고 있지만, 제레미 리프킨은 재생 에너지 산업에 인터넷 기술이 융합된 에너지 인터넷이라는 경제 성장 동력원을 통해 새로운 판이 나올 것이라 믿고 있다는 점이다. 좀 더 구체적으로 살펴보면 새로운 산업혁명의 시대에는 모든 에너지원들이 지능적으로 연결된 기술을 활용하여 에너지 효율성을 극대화한다는 것이다.

에너지 효율성의 극대화와 분산화는 에너지 생산 및 유통 비용을 제로 수준으로 낮춰 대부분의 에너지를 무료로 이용할 수 있는 사회를 만들어 줄 것으로 기대하고 있다. 이런 새로운 에너지 체계와 운영 방식은 산업 전반으로 파급되면서 새로운 산업 판을 돌릴 수 있는 원동력으로 작용하여 높은 성과의 지속 가능한 새로운 경제 상황을 만들어줄 것이라고 예측하고 있다. 더불어 그 시대의 키워드인 분산, 협업, 공유는 IoT, 인공지능, 3D 프린터 등을 활용한 디지털 생산 방식과 융합되면서 제조업 등 타 산업의 모든 단계에서 효율성을 끌어올림으로써 산업의 질적 변화도 일으킬 것이라고 보고 있다.

제레미 리프킨은 에너지 분야의 새로운 플랫폼이 영향을 줄 다음 산업으로 자동차 산업의 변화를 내다봤다. 전기차 그리고 무인 자동차가 한계비용이 '0'에 가까운 재생 에너지를 쓰게 되면 도로에서 차를 운행하는 동안에 더 이상의 추가 비용이 들지 않게 된다는 것이다. 즉 초기에 돈을 들여 전기차를 구매하게 되면 이후부터는 무료로 부가가치를 지속적으로 만들 수 있게 되고, 이러한 혁신은 물류 수송과 교통 시스템 등 관련 비즈니스로 파급될 것이다. 그런데 만약 이러한 전기차나 무인 자동차의 차량 가격 자체가 매우 낮아지고 생산하는 속도도 빨라져 우리 주위에 이러한 자동차를 쉽게 구매하고 사용할 수 있다면 어떻게 될까? 아마 단순히 타 산업에 영향을 주는 것뿐만 아니라 경제, 사회, 문화 등 국가 인프라 전체에 아주 빠른 속도로 영향을 줄 수 있을 것이다. 이것이 우리가 기대하고 있는 앞으로의 4차 산업혁명 모습이다. 이러한 가능성을 잘 보여주는 사례가 미국 전기자동차 제조업체 테슬라이다. 테슬라 전기차를 구입한 사람들은 자신이 원하는 엔진 성능, 운행 기능을 추가하기 위해서 내장된 화면에 몇 번의 터치만 하면 된다. 곧이어 "소프트웨어 업데이트를 시작하겠습니다."라는 메시지가 뜨고 무선 인터넷을 통해 엔진 성능이 업그레이드되고 차선 감지, 자동 주행 등 없던 기능이 새롭게 만들어진다. 이는 고객의 다양한 요구를 수용하면서도 생산적인 측면에서 추가 비용이 들지 않는 디지털 플랫폼을 제조 현장에 도입한 결과이다. 고객 입장에서도 테슬라의 자동차를 구매 후에 자신이 원할 때면 언제든 업데이트를 통해 지속적으로 성능을 향상시킬 수가 있어, 기존 물리적인 업그레이드와 비교해 볼 때 비용과 편리함 측면에서 더욱 향상된 혜택을 얻게 되었다. 테슬라가 생각하는 '미래 자동차'가 바로 신재생 에너지와 IoT, 인공지능을 통해 실현되고 있는 것이다.

이렇게 새로운 융합 기술을 통한 비즈니스의 변화는 제조뿐만 아니라 유통 비즈니스 모델도 변화시키고 있다. 우리가 일상에서 매일 찍는 사진의 경우, 예전에는 동네 곳곳에 보이던 사진관들 대부분이 지금은 사라지고 없다. 왜 그럴까? 이제는 굳이 사진을 종이로 인쇄해서 유통시킬 필요가 없어졌기 때문이다. 즉 페이스북, 카카오톡, 인스타그램 등 소셜 네트워크가 유통의 기능을 대체하고 있다. 과거 사진관에서 인화한 다음 개인적 또는 상업적 목적으로 유통하던 사진 산업이 소셜 네트워크를 통한 온라인 비즈니스 모델로 바뀌게 된 것이다. 이러한 비즈니스 모델에서는 사진을 찍어 생산한 누군가의 원가가 오직 디지털 사진기 또는 모바일 카메라의 사용 비용일 뿐 사진관에서 인화해야 할 비용과 이를 유통하기 위한 물류 비용은 제로이다. 이외에 수송, 숙박 산업에서도 우버Uber나 에어비앤비Airbnb 등 신규 진입한 사업자들이 인터넷과 모바일 기술을 활용하여 중간 유통과 고정 비용을 제거함으로써 새로운 비즈니스 모델을 개척하여 리딩하고 있다.

결론적으로 지금 전 세계가 준비하고 4차 산업혁명의 궁극적인 목적은 사회 구성원들의 의식주에 대한 지금보다 더 나은 복지가 이루어지는 새로운 산업사회를 만드는 것이다. 이를 위해 모든 제품의 생산, 유통, 소비의 전체 판의 혁신이 필요하다. 이미 우리는 세 차례에 걸쳐 혁신을 통한 큰 산업 변화를 거쳐 왔다. 지금은 새로운 디지털 기술을 통해 글로벌 공유와 협업 그리고 기술 경쟁을 가속화하면서 '극단적 생산성'이 보편화되는 세상에 올라서기 위한 준비를 하고 있는 시기이다.

대표적인 글로벌 제조 기업 포스코는 이러한 시대적 목적에 따라 최근 중장기 전략 차원에서 4차 산업혁명에 대한 준비를 해 왔다. 경쟁적인 시장에서 한계비용을 줄여 생산성을 높이고, 더욱 낮은 가격에 상품과 서비스를 소비자에게 공급함으로써 경쟁사보다 앞서가는 전략을 취해 왔으나 아직까지 풀어야 할 제약 사항이 많은 것이 사실이다. 하지만 지금 포스코는 디지털 기업으로의 변신을 위해 IoT, 인공지능, 빅데이터 기술 등을 결합하여 원료 비용 외에 생산, 가공, 유통 비용 등을 최소화하여 생산성을 극대화하기 위한 새로운 산업 구조를 준비하고 있다. 하지만 외국에서 우리보다 먼저 앞서나간 나라와 기업들이 있었고 그들을 살펴보지 않을 수 없다.

　미국을 대표하는 GE, 독일을 대표하는 지멘스가 바로 4차 산업혁명의 선두주자이다. 두 기업이 추구하는 모습은 결과적으로 비슷하나 추진하는 전략은 상당히 차이가 있다. 우리도 그 점에 주목해야 한다. 따라서 두 기업이 어떠한 전략으로 IT 기술과 자신들의 비즈니스를 융합하여 새로운 4차 산업을 준비하고 있는지 살펴볼 것이다.

CHAPTER **3**

새로운 판을 만들어서 새로운 문제를 만들어 내는 기업 (GE)

사물인터넷으로 새로운 판을 전개

2017년 1월 포스코 CEO 신년사가 있는 포항제철소 대강당에서 진행되었다. 서울과 광양에 있는 직원들은 영상회의 시스템을 통해 실시간으로 신년사를 볼 수 있다. 당시 발표된 주요 내용은 향후 글로벌 공급 과잉이 계속되는 가운데 철강산업은 국내외 수요 정체와 세계적인 통상 마찰 심화 등 지속적인 어려움이 예상된다는 것이다. 따라서 신제품 기술 개발과 더불어 4차 산업혁명 시대에 대비해 생산 공정을 스마트화하는 등 경쟁력을 높이고, 타 산업과의 적극적인 융합에 앞장서 제조업의 신르네상스 시대를 열어나가자고 선포하였다. 미국, 독일, 중국에 이어 국내 기업 중에는 최초로 4차 산업 준비에 대한 구체적인 비전을 제시한 것이다.

비전을 선포하기 위해서는 사전 1~2년 동안 성공 여부에 대한 사전 검증 및 준비가 필요하다. IT의 모든 전략과 실행을 담당하고 있는 나의 부서에서는 2년 전부터 지능형 미래 공장 개념인 포스코 스마트 팩토리 구현을 위한 분석 플랫폼 및 빅데이터 분석을 진행하였다. 광양제철소 후판공장을 대상으로 현장 설비에서 발생하는 마이크로 데이터를 활용하여 생산 설비가 스스로 데이터 분석을 하여 문제 발생 시 담당 엔지니어에게 알려주고, 선공정에서 후공정까지 전체 조업 관점에서 최적 생산 스케줄을 찾아내기 위한 프로젝트를 진행하였다. 결과는 스마트 팩토리의 성공 가능성을 보았다. 아니 포스코 전 공장으로 확산 시 매년 수백억 원의 원가 절감이 눈앞에 보인 것이다. 탄력이 붙은 포스코는 본격적인 스마트 팩토리 확산 준비를 했고, 향후 사업화를 위한 로드맵을 준비하였다. 이렇게 모든 준비가 끝난 후 2017년 신년사가 발표된 것이다. 이후 선진국들의 전략 분석을 위해 미국과 독일의 대표 주자인 GE와 지멘스를 벤치마킹하는 것이 필요하다고 CEO에게 보고하였다.

그 결과 2월 말 CEO를 포함한 경영층들이 직접 나서서 GE, 지멘스사를 벤치마킹하기로 결정하였다. 이를 위한 출장 준비가 시작되었고, 두 회사의 전략 및 사업 구조 분석 지시가 떨어졌다. 우리 부서에는 두 회사의 전략을 분석하여 경영층에게 보고해야 하는 미션이 내려왔다. 기업을 전략적으로 분석한다는 의미는 가장 먼저 그 기업의 CEO 철학과 정책을 살펴보는 것이다. 마침 대학 동기 중에 GE를 다니는 친구가 있어 이멜트 회장의 경영 방침 및 조직 운영에 관해 들을 수 있었다. GE의 CEO 임기는 기본적으로 20년이다. 앞에 10년은 전임 CEO의 경영 철학을 그대로 유지해야 하고, 자신의 새로운 사업이나 투자를 할 수가 없다. 하지만 남은 10년은 자신이 추구하는 새로운 전략과 실행을 마음껏 펼칠 수가 있다. 이것이 우리와 다르면서도 인상적인 부분이었다. 2017년 7월에는 그동안 쉼 없이 GE의 혁신을 추진하던 제프리 이멜트 회장의 뒤를 이어 헬스케어 부문 대표 존 플래너리가 GE를 새롭게 끌어갈 인물로 선정되었다. 그는 사내에서도 해결사로 불릴 정도로 실행력이 강한 사람이다. 이사회 및 주주들 역시 플래너리 회장을 전임 CEO의 철학과 사상을 가장 잘 이해하고 있는 인물로 평가하고 있다. 그동안 하드웨어 제조 기업에서 디지털 제조 기업으로 변신을 위해 새로운 판을 만드는 데 온 힘을 쏟아부은 이멜트 회장의 뒤를 이어 실질적이고 가시적인 성과를 낼 수 있을 것으로 기대를 모으고 있다.

GE는 미국의 4차 산업혁명의 대표 주자이다. 그래서 GE를 보면 미국의 전략이 보인다. 사실 미국은 4차 산업혁명이라는 말 대신 산물인터넷IoT이라는 개념을 사용한다. 자신들이 처음 발명한 인터넷은 기업 중심의 '컴퓨터 인터넷Internet of Computer'인 1세대 시대를 지나 2세대인 개인을 위한 '사람 인터넷Internet of People'의 시대를 거쳐 3세대인 '사물인터넷Internet of Things' 시대로 판을 만들고 있다. 사물인터넷IoT: Internet of Things은 주변 사물들이 유무선 인터넷으로 연결되어 의미 있는 정보를 수집 및 공유하면서 상호 작용하는 지능형 기술 및 환경을 의미한다. 현실 세계의 사물들과 가상 세계를 인터넷으로 상호 연결해 사람과 사물, 사물과 사물 간 언제 어디서나 서로 소통할 수 있게 해준다는 개념이다. 이러한 사물인터넷 기술을 활용하여 제조, 에너지 등의 산업 분야에 적용하기 위한 특화된 기술이 산업인터넷Industrial IoT이다. 그리고 이 분야를 가장 선도하고 있는 기업이 바로 GE이다. GE는 뒤에서 살펴보게 될 지멘스와 하고자 하는 결과는 비슷하지만 과정은 확실히 다르다. 1990년대 말까지 미국이 IT 세계 최강국의 지위를 누렸던 것이 플랫폼과 표준을 확보하고 있었기 때문인 것처럼, GE도 전 산업 분야에 적용할 수 있는 플랫폼 전략을 구사하고 있다. 4차 산업혁명 판을 만들어 세계 표준으로 만들겠다는 전략이다. 그래서 자신들의 미래 비전도 Digital Transformation으로 선포하였다. 기업의 체질을 바꾼다는 것이 쉬운 일만은 아니다. 147년 역사의 제조회사가 디지털 기업으로 변신한다는 것은 그만큼 기업 생존을 위한 변화가 필요했던 것이다. 다만 기존 사업을 버린다는 개념이 아니라 보험, 금융 사업을 제외하고 전력, 항공, 헬스케어, 철도, 운송 등을 핵심 사업으로 정하고 4차 산업에 기반이 되는 산업인터넷 기술을 융합하겠다는 것이다. 이렇게 세상의 모든 산업 현장에서 발생하는 데이터가 자신들의 플랫폼으로 수집이 되면 빅데이터 분석을 통해 의미 있는 결과를 만들어내고, 인공지능을 통해 의사 결정까지 할 수 있는 환경을 만들겠다는 것이다. GE는 이러한 산업인터넷이 잘 작동하도록 하기 위한 인프라 구축에도 노력하고 있다. IBM · 시스코 · 인텔 · AT&T 등의 기업과 함께 산업인터넷 컨소시움을 발족했으며, 2014년 초 캐나다 밴쿠버에 기반을 둔 사이버 보안 회사 월드테크를 인수하여 운영환경의 보안을 강화하기도 하였다. 2016년 7월에는 마이크로소프트의 클라우드 플랫폼에서도 프레딕스를 운용할 수 있도록 파트너십을 구축하였다. 이를 통해 고객들은 전 세계 어느 곳에서도 산업용 설비 및 기계에서 수집된 빅데이터를 프레딕스로 처리하고, 마이크로소프트의 클라우드 플랫폼이 제공하는 자연어 기술, 인공지능, 고급 데이터 시각화 등 다양한 서비스를 활용해 더욱 효율적인 애플리케이션을 개발할 수 있도록 지원하고 있다.

또한, GE는 전 세계 500개 이상 공장을 대상으로 산업인터넷을 기반으로 한 첨단 제조, 3D 프린팅, 첨단 소프트웨어 분석 등 다양하고 새로운 기술을 적용해 극대화된 생산성을 보여줄 수 있는 브릴리언트 팩토리Brilliant Factory를 구축하고 있다. 1차적으로 2020년 말까지 25개 공장을 브릴리언트 팩토리로 전환하는 게 목표이다. 브릴리언트 팩토리는 제품 생산의 모든 과정과 운영에 새로운 방식을 적용하고 있다. 하드웨어설비 장치와 소프트웨어분석, 운영의 결합을 통해 모든 과정을 디지털화하고, 과거 공장보다 빠르고 효율적으로 운영하려 한다. 특히, 브릴리언트 팩토리의 브레인에 해당하는 프레딕스는 설계, 구매, 생산, 유통, 판매 등 제품 사용의 모든 단계에서의 데이터를 수집하고, 이 제품 수명주기 동안 발생되는 데이터의 원활한 흐름을 보장한다. 또한 가상의 디지털 공간에서 분석하고 관리할 수 있는 방법을 제공함으로써 제품 품질과 성능을 획기적으로 개선할 수 있다.

GE의 이러한 새로운 판 전략은 위협적이다. 세상의 모든 산업을 자신들의 플랫폼으로 가지고 오는 순간 해당 산업의 플레이어는 체스판의 말로 바뀌게 되는 것이다. 체스를 두는 사람에 의해 플레이어는 본인의 의지와 상관없이 조정되기도 하고 없어지기도 하게 될 것이다. 독일, 중국이 무서워하는 것이 바로 이 점이다. 자신들의 제조 기술 및 공장이 미국의 하청업체로 바뀔 수 있다는 위협을 느끼고 있는 것이다. 우리가 주목해야 할 부분도 결국 이러한 4차 산업혁명의 전개될 모습이 아닐까? 하고 생각한다.

02 >>>> Apps가 핵심이라는 것을 알고 있다

 4차 산업혁명으로 세계 경제의 새로운 성장 동력이 될 것이라는 기대에 너도나도 새로운 판의 주인이 되기 위한 치열한 각축전이 벌어지고 있다. 핵심 기술을 먼저 선점하여 4차 산업혁명의 표준으로 끌고 가려는 것이다. 사물인터넷을 활용해 공간을 뛰어넘어 완전한 자동 생산 체계를 갖추기 위한 독일의 인더스트리 4.0 플랫폼, 미국의 산업인터넷 컨소시엄 IIC; Industry Internet Consortium, 일본의 로봇혁명 이니셔티브 등이 대표적이다. 미국은 IIC를 통해 기술 독점보다는 표준 확산에 주력하겠다고 설립 목적을 밝혔다. GE 외에 AT&T, 시스코, IBM, 인텔이 창립 멤버로 참여하여 다국적 기업과 학계, 정부 등과 함께 당장 상용화시킬 수 있는 기계, 기술 등과 관련된 소프트웨어 솔루션을 개발 중에 있다. 그 결과 세계 유수의 기업들이 줄지어 합류하면서 IoT 시대의 대세가 됐다. 애플, 시스코, 화웨이, 삼성전자가 모두 IIC 회원이다.
 산업인터넷 시대를 가속화하겠다는 IIC의 목적이 달성되기 시작하면서 가장 혜택을 본 기업이 GE다. GE의 산업인터넷은 이러한 기술 표준화에 매달리기보다는 관련 기술 상용화 및 시장 확대 전략에 중점을 뒀다. 현재 산업 장치를 제조하는 동시에 산업인터넷 관련 소프트웨어 솔루션까지 제공하는 기업은 GE가 유일하다. GE는 현재까지 30종 이상의 산업인터넷 솔루션을 제공하고 있다. 솔루션의 정의를 각 영역별로 목적이 다른 기능들을 구현한 애플리케이션Apps, Applications들의 집합이라고 했을 때, 결국 GE는 4차 산업혁명에 필요한 모든 기술적 기능을 제공할 수 있는 Apps를 얼마만큼 많이 만들어 지속적으로 고객들에게 공급할 수 있느냐가 성공의 핵심 요소라고 판단한 것이다. 또한, 구글, 애플 등의 전략처럼 Apps가 자사의 플랫폼 안에서 지속적으로 만들어 지길 원하고 있다.

지난 2013년 발표한 프레딕스Predix는 GE의 Apps를 만들어 낼 수 있는 대표적인 플랫폼이다. 데이브 바틀렛 GE 항공 최고기술책임자CTO는 "프레딕스의 목표는 산업인터넷의 언어가 되는 것"이라고 포부를 밝혔다. PC는 마이크로소프트의 'Window', 모바일은 구글의 '안드로이드Android' 같은 운영 플랫폼이 시장을 선점하였듯이 프레딕스는 산업용 기기를 위한 대표적이 플랫폼으로 자리 잡고 산업 표준이 되려 한다. 그래서 다양한 종류의 기계에 적용할 수 있는 Apps를 최대한 많이 개발하고 사용하도록 하여 산업 생산성과 제조 과정 등을 분석할 수 있도록 하려 한다. 지금까지 GE는 프레딕스를 기반으로 한 100개 이상의 Apps를 확보하고 있으며 산업에서 발생하는 30만 건 이상의 자산을 분석 및 관리하고 있다. 항공 산업의 제트엔진이나 발전소 내 가스터빈, 또는 의료 산업에 MRI 스캐너 등에서 데이터를 수집하고 분석한 후, 프레딕스와 연결된 해당 기기와 장치를 더 효율적으로 운영할 수 있는 Apps가 대표적이다.

구체적으로 살펴보면 항공 산업 Apps의 경우 기존에 항공기 엔진을 단순 판매하는 방식에서 탈피하여 항공기 엔진에 센서를 부착하여 예지 정비가 가능하고, 최적의 비행 항로를 제시하는 등의 유지 보수 서비스로 사업 모델을 바꾸고 있는 것이다. 일례로, 뉴질랜드의 퀸즈타운 공항은 험한 지형과 안개가 자주 끼는 날씨 탓에 비행기가 착륙하기 어려운 곳으로 유명하였다. 하지만 GE 프레딕스 기반으로 한 항공 관련 Apps를 통해 날씨와 비행기의 과거 착륙 데이터를 분석한 뒤, 1시간에 5대밖에 착륙할 수 없었던 공항 여건을 12대까지 착륙할 수 있게 되었다. 그렇게 착륙 여건이 개선되자 항공기는 연료를 절약하게 되었고, 연착하는 횟수도 20%까지 감소되면서 전 세계 항공사의 벤치마킹 대상이 되고 있다.

이 밖에도 인도 병원에서는 간호사가 하루에 30분 정도를 의료기기와 장비를 찾는데 시간을 허비하고 이로 인해 치료를 제때 받지 못해 죽는 환자가 한 달에도 몇 명씩 된다고 한다. 이러한 문제를 해결하기 위해 프레딕스를 중심으로 직원과 의료 장비를 디지털로 연결한 의료 Apps를 통해 필요 시 어떤 장비가 어디에 위치하고 있는지에 관해 알려줌으로써 현재 의료 장비를 찾지 못하여 환자가 피해를 보는 사례는 없어졌다고 한다.

이미 Apps로 전 세계 모바일 소프트웨어 시장을 석권한 구글의 경우 이미 포춘 500대 기업의 60%가 구글 Apps를 쓰고 있다고 한다. 또한, 미국 밖에서만 1만 개가 넘는 사용자 계정을 보유한 기업이 600개 이상이라고 한다. 구글 Apps는 메일, 문서, 드라이브 등 기업 사무 업무에 필요한 대부분의 기능을 제공하고 있다. 구글은 기업들이 PC, 모바일은 지속적으로 교체하더라도 한 번 사용하기 시작한 자신들의 소프트웨어는 쉽게 바꾸지 않을 것이라는 잘 알고 있다. GE 역시 이러한 구글의 전략처럼 다양한 산업 시장에서 필요로 하는 모든 업무를 GE Apps로 제공하려 하고 있다. 독일의 지멘스처럼 제조 산업부터 차근차근 준비하여 확대하려는 전략과는 구별된다. GE 입장에서 제조, 항공, 운송 등 각각의 산업은 공통 플랫폼인 프레딕스에서 제공되는 제조 App, 항공 App 등 큰 개별 기능을 가지고 있는 모듈로 간주된다. 이는 마치 장난감 레고처럼 끼웠다 뺐다 하며 필요할 때 언제든지 기능을 제공하는 것과 같다.

 2016년 포스코 역시 그룹의 전체에 적용할 수 있는 공통 소프트웨어 플랫폼을 목표로 개발에 성공하였다. 현재 포스코 디지털 철강 공장인 스마트 팩토리에 'PosFrame'이라는 브랜드로 이 플랫폼을 사용하고 있다. PosFrame은 공장별, 공정별로 각각 처리되던 컴퓨팅 작업과 데이터 분석, 자산관리, PC 통신, 보안을 하나로 통합하고 처리하는 역할을 수행한다. 궁극적으로는 포항과 광양제철소에서 생산과 조업을 담당하는 모든 설비 장치를 IoT로 연계하면, 장치들끼리 데이터를 교환하고 이를 축척하여 PosFrame으로 학습이 가능해진다. 이러한 학습 결과를 근거로 예측 정보를 제공함으로써 예상치 못한 운영 중단이 발생하지 않도록 지원하며, 이 밖에도 생산 관리의 효율성도 향상시킬 수 있다. 예를 들어 에너지, 건설, ICT 등 포스코 그룹의 모든 사업 영역에서 설비 장치의 모니터링, 유지·보수하는 작업들이 획기적으로 효율화될 수 있다고 보고 있다. 엔지니어 또는 개발자 입장에서는 PosFrame과 설비 장치 간 하부 기작을 몰라도 공통 소프트웨어 플랫폼으로서의 PosFrame이 제공하는 API Application Programming Interface 만을 활용하여 빠르고 효율적으로 새로운 응용 Apps를 개발함과 동시에 철강 산업 영역의 전반에 걸쳐 빠른 혁신도 가능해진다. 현재 이러한 공통 소프트웨어 플랫폼으로 Apps를 개발 및 운영하는 포스코 ICT에는 담당 사업부 전체가 소프트웨어 기술 역량을 가지고 있으며 현재도 PosFrame으로 여러 산업군에 응용할 수 있는 Apps를 한창 개발 중에 있다.

GE도 자신들의 Apps를 보다 효과적으로 확산하기 위한 방법으로 산업 설비와 생산 및 유지 보수와 관련된 세부적인 기작에 대해 모르는 사람들도 쉽게 개발할 수 있도록 API를 제공하고 있다. 이는 스마트폰의 '안드로이드'가 통화 기능과 데이터 송수신, 디스플레이, 사운드 제어, GPS 측정 등의 스마트폰 기능들을 소프트웨어 개발자가 활용할 수 있도록 API를 무료로 제공하고 있는 것과 같다. 현재 GE는 다양한 설비 간에 통신 연결, 사물인터넷 HW/SW, 빅데이터 분석 기법 수집, 정제, 분석 에 관한 API를 개발자들에게 제공하여 다양한 산업 환경에서 Apps가 만들어지길 기대하고 있는 것이다.

이제 4차 산업혁명을 리딩하고 있는 기업들은 데이터 분석 기술이 포함된 소프트웨어가 새로운 가치 창출의 원동력이 될 거라는 것을 잘 알고 있다. 하드웨어를 만들던 기업이 돈을 벌던 시대에서 그 하드웨어에서 발생하는 데이터를 수집하고 분석하는 기업이 성공할 거라 확신하고 있다. 그들은 지금 그동안 가장 폐쇄적일 것 같은 산업 인프라를 스스로 개방적으로 바꾸어 나가고 있다. 그렇게 하지 않으면 미래를 절대 선도할 수 없다는 사실 또한 잘 알고 있기 때문이다. 생태계 전략, 특히 플랫폼을 기반으로 하는 Apps 전략에 대한 기대 효과를 너무 잘 알고 있기에 개방과 공유는 이제 선택이 아니라 필수라 그들은 믿고 있다.

 # APM을 통한 GE의 전략은?

 얼마 전 A 화력 에너지 발전회사에 근무하고 있는 동기한테서 들었던 얘기이다. 동기는 서울에 있는 A사 본사 마케팅 부서에 근무하고 있다. 지방에 발전소를 두고 있는 A사는 판매 생산 계획과 관련하여 발전부서와 마케팅부서 간에 충돌이 잦다고 한다. 마케팅부서는 어떻게 해서든 더 많은 전기를 판매하여 매출 증대를 추구하려 하고, 발전부서는 에너비 설비 자산의 정확한 생산 능력이나 성능을 모르는 상황에서 최대한 안전하게 생산하길 원한다. 자칫 무리하게 생산하다 설비 이상이 생길 경우 책임이 더 과중하기 때문이다. 비단 마케팅부서와 생산부서의 문제만은 아닐 것이다. 지금 이 회사에 필요한 건 정확하게 생산 능력에 대한 모든 데이터를 수집하여 관련자 모두가 동일한 데이터를 보면서 의사 결정할 수 있는 체계일 것이다.

 GE는 프레딕스에 기반한 산업별 Apps 중에 APM_{Asset Performance Management}라고 하는 발전과 제조 산업을 위해 특화된 App을 제공하고 있다. 사실 프레딕스는 오래전부터 GE가 자사의 발전 시스템에서 생성되는 데이터를 자체적으로 분석하고 관리하기 위한 내부 시스템이었다. 그 당시에는 호환되는 설비의 브랜드 종류나 분석을 위한 데이터 처리량도 제한적이었다. 하지만 GE는 본격적으로 디지털 제조 환경을 준비하면서 이 플랫폼의 가능성을 확인하였다. 이후 빅데이터와 IoT 기술을 접목하여 전 산업에 공통으로 적용될 수 있는 운영 체제로 구성해 지금의 플랫폼으로 확장하였다. 또한, GE는 이 플랫폼으로 운영할 설비 장치들을 최적의 방법론으로 관리하기 위해 제조 현장에 유지 보수 스케줄링과 전문 기술자를 적시 적소에 배치하여 서비스를 지원하는데 전문 역량을 가지고 있는 서비스맥스ServiceMax와 자산의 성능을 최적 관리하는 기술이 뛰어난 메리디움Meridium을 인수한다. 그래서 프레딕스에 양사의 제품과 기술을 통합하여 APM이라는 제조와 발전 등의 산업에 설비 자산들을 최적 관리할 수 있는 시스템을 Apps로 제공하고 있다.

  GE가 APM을 통해 달성하려는 단계별 전략을 살펴보면, 1단계로 기계 간에 소통과 협력을 통해 상태와 수명 정보를 사람이 인지할 수 있는 수준으로 정보를 제공하는 것을 목표로 하고 있다. 2단계에서는 이러한 기계들이 제품 생산성과 연결되어, 고객이 요구하는 제품에 따라 스스로 기계가 자유롭게 재배열되어 가장 빠른 시간 안에 고객이 원하는 제품을 생산할 수 있는 환경을 만드는 것이다. 그리고 마지막 3단계에서는 이러한 제조 및 발전 산업에 적용한 노하우를 의료나 헬스케어, 소비재까지 확장시켜 APM을 통한 글로벌 전체 산업 시스템을 변화시키려 하고 있다. 결국, 그동안 가치를 몰랐던 데이터를 적극 활용하여 새로운 수익원으로 만들겠다는 전략이다. 지금 GE는 공공 및 기업 고객을 대상으로 1단계 전략을 추진하여 성공 스토리를 만들어 가고 있다.

GE의 APM 개념을 구체적으로 살펴보면 엔지니어링과 최적 자산관리 두 개의 영역으로 나눠진다. 물론 자산관리를 수행한 결과는 지식 축적을 위해 다시 엔지니어링 영역에 제공된다. 엔지니어링 영역은 다시 4가지 세부 단계로 이루어져 있다. 첫째, 해당 회사의 경영 및 생산 전략과 연계된 설비 구매와 사용 전략으로 목표한 제품에 최적화된 설비를 결정한다. 이때 회사 공장 안의 현재 생산 및 조업 상황을 두고 설비관리부서, 생산부서, 마케팅부서가 하나의 뷰로 의사 결정할 수 있는 통합 데이터를 제공하고 있다. 둘째, 필요한 자산의 시뮬레이션으로 예측 성능과 가장 적합한 설비 가격을 결정한다. 셋째, 실제 자산을 도입하고 공정별 단위 설비별로 APM에서 제공하는 참조 모델을 활용하여 자산을 디지털로 표현한다. 넷째, 도입한 설비 자산을 시운전하여 효과를 검증한다. 이렇게 엔지니어들이 설비 자산을 디지털 최적 모델로 만들어 구축한 후 효율적인 관리를 위해 최적 자산관리를 수행한다. 이는 엔지니어들의 일상 활동으로 매일 또는 매주 단위로 주기적으로 수행하고 총 3단계를 거친다. 첫째, 평소 설비 능력에 맞는 운전과 정비에 관한 노하우를 주기적으로 APM 데이터베이스에 축적하고 관리한다. 이 데이터는 다음에 설비 상태를 프레딕스를 통해 예지 분석할 때 사용된

| GE의 APM 개념도 |

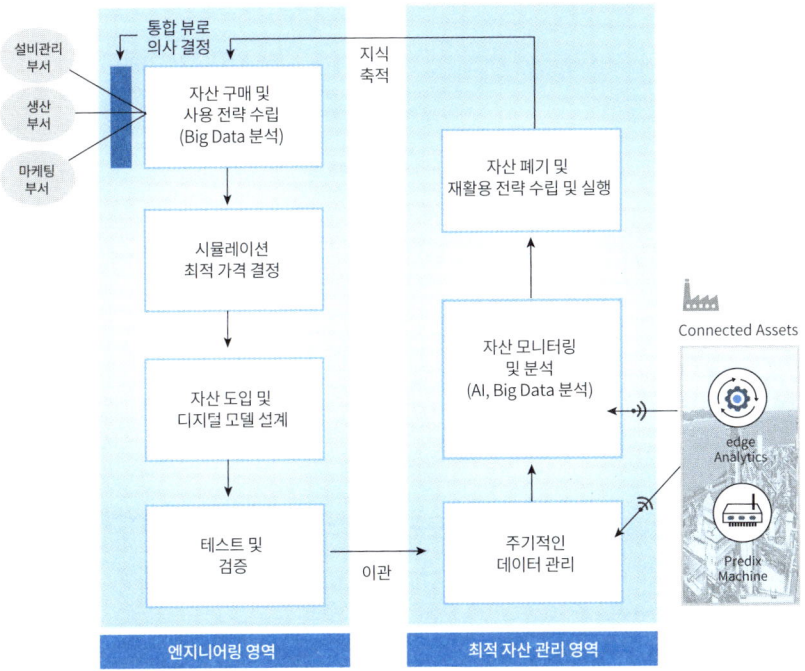

다. 둘째, 설비 능력 감소나 고장을 사전에 예지하고 컨트롤하기 위해 상시 모니터링하고 분석한다. 이를 위해 공장 안의 설비와 장치들을 모두 연결하여 실시간으로 건강 상태를 확인한다. 만약 특정 설비에 문제가 생기면 작업자에게 바로 알려주어 공정 간에 문제를 최소화할 수 있게 한다. 또한, 현재의 상태를 기반으로 앞으로 얼마나 제품 또는 에너지를 생산할 수 있을지에 대한 예지적 수명을 그래프로 제공하고 있다. 마지막 단계로 최근에 더욱 빠르게 진행되

고 있는 기술 가속화로 인해, 3년 주기로 공장 안의 설비를 필요할 때 이관하고 폐기할 수 있는 전략을 수립하고 실행한다. 이후 축적된 모든 결과는 다음번 설비 전략을 수립할 때 참고하기 위해 엔지니어링 영역의 첫 번째 단계에 다시 제공된다.

2012년 미국 동부 연안에 역대 최대 규모로 불어 닥친 태풍 샌디는 발전, 제조 인프라를 상당히 손상시켰다. 하지만 이러한 피해는 오히려 세계에서 역사가 가장 오래된 미국 전기 산업의 새로운 전환기가 되었다. 뉴욕주는 폐허가 된 기존 아날로그 형태의 에너지 시스템을 새롭게 디지털화하는 동시에 미래 기후 변화에의 대응을 우선순위로 하는 신에너지 정책을 발표하였다. 또한, 에너지 관련 공공기관, 연구소, 기업들과 협업하여 에너지 혁신을 위해 노력하였다. 이 중 NYPA New York State Power Authority 는 공공 전력 기관으로 16개 발전소 나이아가라 폭포의 두 발전소 포함를 가지고 뉴욕주 전기 생산량의 15~20%를 책임지고 있는 미국 최대 발전 기업이다.

NYPA는 산업인터넷 기술을 가지고 있는 GE 파워와 협력하여 에너지 생산 설비 가스와 수력 터빈 등의 생명주기 관리부터 센서를 통해 데이터를 수집하고 분석할 수 있는 APM 시스템을 구축하였다. 이를 통해 전력 생산 시설과 송전 장비의 잠재적인 고장 가능성을 예측하고 예상치 않은 운영의 중단을 줄여 최종적으로 관리 및 운영 리스크를 줄이고자 하였다. GE 파워의 임원인 브렌트 맥스웰은 "NYPA가 발전과 배전 모두에 걸쳐 새로운 산업 시대에 필요로 하는 에너지 모델을 GE의 프레딕스 기반의 APM을 통해 진정으로 디지털화 하려하고 있다."라고 말하였다.

  기존의 시장에서 성공하는 모델은 제품을 대량 생산함으로써 규모의 경제를 확보하고 이를 통한 가격 경쟁력을 통해 수익을 창출하는 것이었다. 하지만 4차 산업혁명 시대는 더욱 급변하는 소비자 기호의 신속한 반영 능력과 새로운 수요의 창출 능력이 시장 경쟁력이 될 것이다. 즉, 효율적 생산 역량의 확보가 경쟁력의 원천으로 작용할 것이고, 이를 위해 제품을 생산하는 하드웨어와 소프트웨어가 완전히 융합된 디지털 환경을 구축해야 한다. 하드웨어인 기계는 스스로 자신의 상태를 진단하고 이상이 생기면 컨트롤까지 가능한 소프트웨어를 자신의 브레인으로 가짐으로써 인간 수준으로 똑똑해질 수 있는 것이다. GE는 이를 위해 APM이라는 소프트웨어로 빅데이터를 수집하고 분석하여 설비 장치의 최적 건강 상태를 유지하는 것부터 이상 감지와 적절한 폐기 시점 관리까지 제공하고 있다. 현재 글로벌 IT 기업인 IBM사의 자연어 처리 및 주변 상황을 인간처럼 인식할 수 있는 인공지능 기술을 접목하여 시장 요구 사항과 제품 수요에 스스로 생산 스케줄을 맞추어 대응하기 위한 준비가 한창이다.

 GE의 Digital Twin 개념을
알아야 한다

앞에서 살펴봤듯이 현재 GE는 과거의 산업이 새롭게 재편성될 수 있는 절호의 기회를 최대한 활용하여 자신들의 철학을 담아 스케치 중에 있다. 상당히 노후화되고 굳어져 있는 지금까지의 산업 환경에 디지털 제조 환경이라는 새로운 판을 제시하고 있다.

그 판의 밑바닥에는 IoT라고 하는 네트워크 선들이 촘촘히 깔려 있다. 그 위에는 모든 설비 장치들이 올려지고 연결되어 자신의 상황을 데이터로 주고받을 수 있다. 또한, 마이크로 단위로 발생하는 엄청난 데이터들은 중앙에 빅데이터를 처리하고 분석할 수 있는 프레딕스라는 큰 통에 모아져 언제든지 요청하면 즉시에 분석 결과를 말해 준다.

작업자가 프레딕스에 요청을 할 때는 '어떤 설비가 이상이 있는지? 지금 속도로는 제품 납기를 맞출 수 있는지?' 등 원하는 목적에 맞는 Apps를 실행하여 통신을 한다. 특히 앞에서 살펴본 제조와 발전 산업에 특화된 APM이라는 App을 사용하게 되면, 제품 생산의 시작에서부터 끝까지 전 과정에 일어나는 모든 작업과 상황을 관리할 수 있다.

그런데 중요한 사실이 있다. GE가 말하는 새로운 판은 물리적인 현실에서만 이루어지는 것이 아니라, 그 물리 환경과 똑같은 가상 환경을 한 벌 만들어 놓고 먼저 가상에서 체험해 보고 문제가 없으면 현실에 적용할 수 있게 구성되어 있다는 것이다. 이것이 GE가 2015년에 발표한 디지털 트윈 Digital Twin 의 개념이다. 세계적인 IT 리서치 기관인 가트너도 2017년 IT 10대 트렌드에 디지털 트윈 기술을 포함시켰으며 5년 내에 수십억 개의 사물이 디지털 트윈을 통해 관리될 것으로 보고 있다. 디지털 트윈을 사용하면 기계의 각 부품이 작동하면서 발생하는 데이터와 다양한 센서에서 발생하는 데이터를 종합하여 주어진 환경에 보다 능동적으로 대응할 수 있을 거라 보고 있다. 또한, 실제 일어날 상황을 사전에 시뮬레이션해 봄으로써 환경 변화에 대응하고 운영 성과를 향상하는데 가치를 발휘할 수 있을 것으로 보고 있다.

2016년 GE 이노베이션 포럼에서 제프리 이멜트 회장은 "개인용 인터넷은 싫증 나면 바꾸면 된다. 하지만 산업인터넷은 쉽게 바꿀 수 없다. 비행기 엔진이 싫증 난다고 쉽게 바꿀 수 없는 것과 같다. 따라서 지속적으로 변하는 엔진을 효과적으로 관리할 수 있는 디지털 트윈이 중요하고 GE가 소프트웨어 기업으로 가게 된 결정적 이유이기도 하다."라고 말하였다.

디지털 트윈의 개념을 보다 쉽게 이해하기 위해 요즘 골퍼들이 즐

거 찾는 스크린 골프를 예로 들어 보자. 실내의 전면에 위치한 스크린에는 전 세계 모든 골프장의 정보를 수집하여 컴퓨터로 만들어진 화면이 보인다. 그리고 골프 플레이어가 된 우리는 옆에 비치된 골프채를 하나 들고 실제 잔디와 유사하게 만들어 놓은 판 위에 올라가 힘껏 골프채를 휘두른다. 순간 센서들이 골프채의 각도, 스피드 등을 측정하고 분석하여 디지털로 구현된 골프장에 정보를 보낸다. 따라서 우리는 공을 치자마자 스크린 상에 공이 날아가는 모습을 보고 잠시 후 그린 위에 공이 떨어져 굴러가는 상황을 지켜볼 수 있게 되는 것이다. 이러한 스크린 골프장의 구현 모습이 낮은 수준의 디지털 트윈 환경으로 생각하면 된다. 실제 환경과 디지털 환경 사이에서 어떤 기작이 발생하면 마치 쌍둥이처럼 똑같은 결과가 나타나는 것이다.

디지털 트윈을 산업 환경에 적용하면 산업 설비나 장치 등의 물리적 세계를 컴퓨터에 재연한 것을 말한다. 제품의 모양뿐 아니라 설비나 장치가 지금 무슨 일이 일어나고 있는지에 관한 실시간 정보를 똑같이 복제하는 것이다. 디지털 트윈이 있으면 어떤 부품이 어느 정도까지 소모되어 있는지를 알아내서 설비를 교체할지 말지 등을 실제 고장이 발생하기 전에 먼저 판단할 수 있다. 또한, 공장에서 제품을 생산하고 있는 장치를 멈추지 않고 가동 조건을 바꿀 경우에는 어떤 영향이 발생하는지를 가상 환경을 통해 먼저 검증할 수 있다. 따라서 설비나 장치가 가장 적합한 운용 방법을 추구할 수 있고 가동률 향상에도 획기적이다. 특히 공장 내 설비 자산을 데이터로 추적 관리하는 것을 디지털 스레드Digital Thread라 한다. 즉, 디지털 트윈으로 현실과 가상세계의 완벽한 결합이 가능한 이유도 항상 디지털 스레드가 뒤에서 설비 자산들의 생명주기에 관한 데이터를 실시간으로 제공해 주고 관리해 주기 때문이다. 이해를 쉽게 하기 위해 40세의 건강한 성인 남성을 디지털 트윈으로 만든다고 가정해 보자. 우선 그 사람의 겉모습부터 몸 안에 있는 장기들까지 신체 구조와 모든 관절의 움직임을 물리학적 모델링으로 실제와 똑같은 모양의 아바타를 만든다. 이것이 디지털 트윈이다. 이때 그 남성 몸 안의 장기들에 관한 모든 정보와 그 장기들이 연결된 혈관 지도, 그리고 점차 나이가 들어감에 따라 각 장기들마다 달라지고 있는 건강 상태 정보를 디지털 트윈에게 제공하는 것을 디지털 스레드라 한다. 이러한 디지털 스레드가 있기에 실제로 그 남성이 60세가 지났을 때 몸 안의 기능들이 제대로 동작하지 않는다는 정보와 이때는 무리한 운동을 하지 말라는 조언을 우리는 디지털 트윈으로부터 확인할 수 있다.

우리는 특정 산업 설비뿐 아니라 공장 전체에 디지털 트윈 기술을 적용한다면 생산과 조업 과정 전체 관리가 효율적으로 될 수 있다. 여기에 머신러닝 등의 인공지능 기술까지 적용하면 더욱더 예측 정밀도를 올릴 수 있다. 물론 현재 기술적 수준을 보면, 하드웨어를 디지털 트윈으로 완벽하게 똑같이 구현할 수 있는 것은 아니다. GE 디지털의 솔루션 설계자가 말하길 "디지털 트윈은 콘셉트이며 끝이 없다. 도입할 때는 낮은 수준이지만 지속적으로 튜닝하고 끌어울려 완벽한 쌍둥이로 만드는 것이 디지털 트윈의 핵심이다. 앞으로 데이터 해석에 인공지능 기술을 적용하면 정밀도를 더욱 높일 수 있을 것이다."라고 하였다.

현재 캘리포니아 서부 GE 발전소에서는 실제 디지털 트윈이 작동하고 있는 모습을 볼 수 있다. 작업자가 디지털 트윈에게 터빈의 상태를 묻자 발전기의 시동 주기가 25% 향상되었다고 보고하며, 이와 관련해 작업자가 회전 부품의 손상 상태를 묻자 해당 부품의 손상 속도가 4배 증가하였으며 이 속도가 계속되면 사용 가능 수명의 70% 손실이 발생할 것이라고 보고한다. 해결 방안으로는 수동으로 시동주기를 낮추거나 개선할 수 있는 소프트웨어를 다운받아 최소화할 수 있는 두 가지를 제안한다. 또한, 그 근거로 125대의 다른 터빈의 데이터 및 15년 동안 축적된 과거 데이터와 이를 기반한 6만 번의 시뮬레이션을 통해 도출했다고 근거를 제시한다. 모든 과정이 음성 인식이 가능한 디지털 트윈과 대화하듯이 이루어진다. GE 부사장 마이클 아이들칙 Michael Idelchik 은 "앞으로 모든 기계에 대해 디지털 트윈을 만들어서 소재부터 설계, 제조, 서비스에 이르는 모든 과정을 하나로 이어 새로운 산업 모델을 만들어 갈 것이다."라고 말하였다.

4차 산업혁명에서의 생산 환경은 시시각각 발생하는 변수들을 적절히 대응하고 조치한 후 다음번 제품 생산에 반영할 수 있어야 한다. 우리 몸 안에 나쁜 바이러스로 인해 어느 장기가 손상을 입으면 좋은 항체가 스스로 응급 처치해 회복시켜 건강을 유지할 수 있는 것과 같다. 따라서 디지털 트윈이 구현된 환경에서는 이미 시장에 나와 쓰이는 제품이라도 소비자의 요구나 환경 변화에 따라 얼마든지 유연하게 업그레이드될 수 있다. GE는 이러한 디지털 트윈 기술을 앞세워 스스로 '생각하는 공장 Brilliant Factory'을 전 세계에 확산시켜 나가려고 한다.

05 GE 스토어를 통해 집단지성을 활용하다

　지금 우리는 너무나도 잘게 나누어져 분업화된 사회에서 살고 있다. 나 역시 직장 내 옆 부서에서 무슨 일을 하는지 잘 모르는 경우가 많다. 회사는 이러한 분업 환경에서 개인의 전문성을 더욱더 갖추길 원하고 있다. 그러다 보니 대부분 기업들은 제품 생산과 관련된 일을 더 이상 나눌 수 없을 때까지 쪼개어 톱니바퀴처럼 짜여진 대로 돌아가게 하는 것이 성과를 창출하는 가장 효율적인 모습이라고 생각하였다. 이러한 생각은 아마 20세기 전까지는 맞았을지도 모른다.

　그동안의 역사를 보면 전문화 시대와 융합의 시대가 반복되어 흘러 왔다. 오래전 농경사회는 가족 경영을 중심으로 한 공동체 사회였다. 그러나 18세기 중기 동력화를 기반으로 한 1차 산업혁명 시대 이후 1990년대까지 약 300년 동안은 전문화 시대가 지배하였다. 특히, 전문화 시대에서는 분업이 미덕이었다. 모든 기업 활동은 분업제도를 활용해 전담 부서를 설치하고, 특정 업무를 반복 실행하면서 축적하는 노하우를 활용해 업무 생산성을 제고하기 위해 노력하였다.

하지만 분업화도 한계를 보이기 시작하였다. 대부분 산업의 성장 단계가 쇠퇴기로 돌아서기 시작했기 때문이다. 더 이상 생산성 향상을 위한 혁신 툴의 약발이 크게 먹혀들지 않았다. 더군다나 글로벌 산업 경제의 복잡성이 커져 이제는 문제 접근을 위한 시작과 끝을 찾는 일 자체가 어려운 상황이 되었다. 즉, 예상치 못한 리스크에 굉장히 취약한 사회 구조로 변화된 것이다.

이러한 현상의 근본적인 돌파구를 찾기 위해서는 기존에 나누어 놓은 산업 분야의 경계를 허물어 영역 구분을 뛰어넘는 융합을 통한 해결책이 필요하였다. IT 신기술에 대한 요구도 나날이 다양화되고 있는 상황에서 20세기와는 달리 기업들은 자신의 비즈니스 능력만 가지고는 생존하기 어렵게 되었고, 기술과 비즈니스의 연결과 융합을 통해 새로운 생산적 가치를 만들기 시작하였다. 융합 기술의 가치는 창의적인 아이디어에서 나온다. 전자책의 경우 디지털 종이라는 IT 기술과 출판 비즈니스가 결합한 창의적인 기술이다. 이제 사람들은 서점에 직접 가지 않고도 실제로 책을 읽는 것과 거의 유사한 경험을 제공받을 수 있게 되었다. 이뿐만 아니라 로봇 기술과 전혀 상관이 없을 법한 의료 비즈니스가 만나 수술과 간호를 대신할 수 있는 의료 로봇이나 손발이 불편한 환자를 지원할 수 있는 로봇 의수, 의족 등의 혜택을 제공하고 있다.

융합 기술을 체계적으로 가장 잘 지원하고 운영하는 국가 중 하나가 미국이다. 미국은 융합 기술을 인류의 진화 발전을 위한 궁극적인 사회 지원 기술로서 인식하고 '국가 발전을 위한 경제적 효율성 향상', '인간과 과학을 하나로 연결' 등 국가 경쟁력 향상과 국민 복지 증대를 비전으로 제시하고 있다. 이를 바탕으로 미국의 R&D 투자는 매년 3% 이상 증가하는 추세를 보이고 있다. 미국의 융합 기술 지원 정책의 가장 큰 특징은 지식 경쟁력 활성화를 위한 예산 지원 모델이 잘 발달되어 있다는 것이다. 연방정부는 미국과학재단 NSF, 국립보건원 NIH 등 국가기관에 1차로 연구 예산을 지급하고, 다시 이 국가기관들은 2차로 대학 및 연구소에 투자하고 있다. 거기서 나온 모든 연구 결과물에 대해서는 해당 권리를 인정하고 특허 활동과 기술 이전에 대해서도 적극 지원하고 있다.

GE도 이러한 시대적 요구를 잘 이해하고 'GE 스토어'라고 하는 산업 간 기술을 융합할 수 있는 허브를 만들어 자사부터 전개해 나가고 있다. GE 스토어를 중심으로 일하는 'GE 글로벌 리서치 센터'에는 전 세계 9곳에서 4,000명이 넘는 연구원과 엔지니어가 모여 있다. 이들은 모든 산업을 대상으로 새로운 기술을 개발하고 상업적 응용 방법을 고안해 GE 스토어에 축적하고 활용하여 GE가 새로운 산업 판을 만드는데 필요한 기술적 토대를 제공하고 있다. 연구 성과물을 내부 플랫폼을 통해 수평적으로 공유함으로써 부서 간 장벽뿐 아니라 본사와 지사와의 위계도 허물고 있다.

또한, 세계 여기저기에 위치한 GE의 여러 사업부와 공장에서, 5만여 명의 전문가 역시 GE 스토어를 중심으로 일하고 있다. 이러한 GE 스토어의 특징은 '상점'이라는 이름처럼 한 분야에 쓰이던 기술들이 고객 니즈에 따라 자유롭게 혼합되거나 응용돼 다른 분야에 새롭게 적용된다는 것이다. 고객이 무엇을 원하든 간에 GE라는 거대한 상점에서 그 필요에 딱 맞는 답을 찾아낼 수 있는 것이다. GE 스토어 덕분에 GE의 혁신은 위에서 아래로가 아니라 GE가 진출해 있는 160개 국가에서 동시 다발적으로 이뤄지고 있다. 중앙의 권위를 내려놓은 GE CEO 제프리 이멜트의 파격적인 실험의 결과다.

GE가 말하고 있는 GE 스토어를 활용한 대표적인 사례가 풍력발전 기술을 열차 운행에 적용한 것이다. GE는 기존의 풍력 발전용 터빈에 빅데이터 분석을 활용한 제어 계측 기술을 도입하여 20% 에너지 생산성 향상을 달성하였다. 모델 기반 제어 Model – based Controls 라고 불리는 이 기술은 풍력에 영향을 미치는 다양한 바람의 조건에 따라서 터빈이 스스로 반응하는 것이다. 즉 실제 바람의 크기나 방향이 변화할 때 사전에 어떤 일이 발생할지 정확히 예측할 수 있게 되면서, 터빈 스스로 상황에 적응할 수 있는 특별한 제어 기능을 갖게 된 것이다. GE는 이 제어 기술 노하우를 GE 스토어에 축적한 다음, 다른 분야인 운송 분야에 적용해 열차 운행 효율을 개선하였다. 열차, 선로, 열차 간의 운행에서 발생하는 빅데이터를 분석할 수 있는 '트립 옵티마이저 Trip Optimizer'라는 기술을 개발한 것이다. 현재 전 세계 주요 철도 회사가 사용하고 있는 이 스마트한 운행 제어 시스템은, 열차마다 평균 10%의 연료비를 절감해 주고 있다.

다른 예로 GE 헬스케어 사업부에서 환자의 암 진단 또는 심장과 같은 장기의 상태를 파악하는데 건강한 세포 조직에는 전혀 영향을 주지 않고 진단할 수 있는 CT 기술을 개발하여 사용하고 있다. 이 기술이 GE 스토어에 등록된 후 GE 오일앤가스 사업부에서는 이 기술을 배우고 연구하여 바위나 모래의 샘플을 분석해 원유를 탐사하는 데 활용하고 있다. GE 항공도 이 기술을 활용하여 LEAP 엔진의 블레이드와 고온 복합 재료 부품을 검사하고 있다.

일의 융합이 앞서는 시대, 새로운 기술이 GE 내부의 비즈니스 부문별 장벽을 넘어 자유롭게 응용되고 변화하는 'GE 스토어'는 이런 시대적 흐름을 잘 반영하고 있다고 볼 수 있다. 포스코 그룹은 현재 철강, 건설, 에너지, ICT 등 다양한 분야에 40개의 계열사로 구성되어 있다. 하지만 그동안 업종이 다르다는 이유로 함께 모여 그룹 차원의 빅 프로젝트를 하는 것이 쉽지 않았다. 일례로 2000년 초에 포스코를 비롯한 그룹사의 모든 정보를 통합하고 공유하기 위한 ECM Enterprise Content Management 시스템을 구축하였다. 하지만 각사의 영업 비밀 등 보안상의 이유로 지금은 각자 회사의 정보 관리와 보관을 위해서만 사용하고 있는 실정이다. 이제는 그룹사를 하나로 묶어 4차 산업혁명을 위한 시너지를 내지 않으면 안 되는 필연적 이유가 있는 이상 GE 스토어와 같은 지식과 기술이 융합된 허브를 만들어 그룹 시너지를 내야할 것이다. 메디치 효과 Medici effect 라는 말이 있다. 서로 다른 분야의 요소들이 결합할 때 각 요소들이 갖는 에너지의 합보다 더 큰 에너지를 분출하게 되는 효과를 의미하는데, 지금 포스코처럼 그룹사 또는 파트너들과 함께 4차 산업혁명을 준비하는 기업들에서 무엇보다 필요한 개념이 아닐까 생각한다.

06 >>>> 최고의 인재를 영입하는 전략

　최근 미국 MIT의 조사에 따르면 빅데이터, 인공지능 등의 디지털 기술이 자신들의 산업을 혁신시키고 있다고 응답한 기업이 90%였다. 반면 이를 위한 디지털 조직과 인력을 준비하고 있다고 답변한 기업은 44%로 절반도 되지 않았다고 한다. 미국경제연구소 조사에서도 4차 산업혁명을 준비하기 위해 기업 내 디지털 기술과 인재가 충분하지 않거나 부족하다는 응답이 88%에 달하였다.
　글로벌 선두 기업들로서는 디지털 인재를 확보하는 것이 4차 산업혁명을 준비하는데 무엇보다 중요하다는 것을 잘 알고 있다. GE 역시 디지털 기업으로 변신하기 위해 새로운 리더십을 제시하였다. 또한 이를 글로벌하게 일관성을 가지고 사업을 추진하기 위해서는 디지털 인재를 중심으로 직원 전체로 확산되어 자리 잡는 것이 필요하였다. 따라서 디지털 기술과 융합적 사고력을 갖춘 최고의 디지털 인재 확보에 어느 기업보다 먼저 나섰다. 이는 지멘스와는 상반된 전략이다. 지멘스의 경우 내부 직원 교육과 경험을 통해 4차 산업형 디지털 인재로 키워서 활용하려는 전략인데 반해 GE는 조기에 새로운 디지털 기업 전략을 충실히 따를 수 있고 동시에 내부 문화도 빠르게 바꿀 수 있는 인재를 외부에서 영입하겠다는 것이다.

GE는 세계에서 가장 큰 IT 산업 클러스터인 실리콘밸리에서 최고의 인재를 찾기 시작하였다. 회사 내부에는 '디지털 사업부'를 신설하여 각 사업 부문에 분산돼 있던 IT 관련 소프트웨어, 하드웨어, 보안 등의 사업을 통폐합하고 최소 인력으로 구성한 다음 실리콘밸리 출신 최고의 디지털 전문가 6,000명 이상을 채용하였다. GE가 디지털 기업으로 나아가기 위한 새로운 브레인 조직을 만든 것이다.

하지만 처음부터 쉽게 인재들을 영입할 수 있었던 건 아니다. 실리콘밸리에 근무하고 있는 소프트웨어 엔지니어와 데이터 사이언티스트들 사이에서 GE는 매력적인 기업이 아니었다. 더군다나 구글, 아마존, 테슬라 등 엔지니어 천국이라고 할 수 있는 기업들이 줄을 지어 있던 상황에서 굳이 GE로 갈 이유가 없었기 때문이다. 따라서 GE는 과감하게 경쟁 기업의 채용 전문가를 영입해 적극적인 홍보를 하였다. 예를 들어 SNS에 실제 GE 소프트웨어 엔지니어가 어떻게 생활하고 있는지를 동영상으로 홍보하여 100만 건 이상의 조회 수를 기록하는 마케팅 효과를 보기도 하였다. 또한, 디지털 인재에 대한 임금 제도도 개선하여 다른 경쟁사보다 20% 이상 높은 수준으로 제공하였다.

GE가 실리콘밸리의 인재들을 영입한다는 것은 그들의 도전과 실패를 용인하는 실리콘밸리의 철학과 사고방식을 수용한다는 것이다. 이는 GE가 오래전부터 가지고 있던 조직 가치인 위험을 최소화하고 품질을 지향하는 식스 시그마 Six Sigma 문화와 상반되던 것으로 당연히 충돌이 생길 수밖에 없었다. 따라서 두 개의 서로 다른 문화를 조화롭게 받아들일 수 있도록 GE가 추구하는 가치, 리더십, 잠재역량에 관한 면접과 디지털 역량을 검증하기 위한 기술 면접을 병행하여 균형적인 채용 전략을 추진하였다.

이탈리아 최대 은행 유니크레딧의 수석 이코노미스트인 마르코 아눈치아타는 《하버드 비즈니스 리뷰 Harvard Business Review》와의 인터뷰에서 GE의 인재 트랜스포메이션이 성공한 첫 번째 이유를 최고 경영층의 강력한 리더십과 전폭적인 지원이라고 말하였다. 제프리 이멜트 회장의 디지털 기업에 대한 철학과 비전이 6,000명의 실리콘밸리의 인재들에게 공감과 신뢰를 얻지 못했다면 아마 GE 사람이 되겠다는 큰 결심을 할 수 없었기 때문이다. 다음으로는 신·구 조직 간에 협업이 성공했다는 사실이다. GE처럼 역사가 긴 기업들은 쉽게 새로운 것을 받아들이려 하지 않는 경향이 있다. 하지만 GE는 디지털로의 변화동인을 기존 방식에 윤활유 역할로써 잘 포지셔닝 하여 기존 사람들의 거부감을 최소화하였다. GE 디지털 프레딕스 데이터 수집 플랫폼의 최고 아키텍터인 마크 토마스 슈미트는 "GE의 대부분의 사람이 운영에 필요한 기술만을 고집하는 줄 알았다. 하지만 그들의 마음 한구석에는 새로운 정보 활용 기술에 관해 이해하길 원한다는 사실을 알게 되었다. 그래서 우리는 그들에게 디지털 기술과 활용법을 제공했고, 지금은 두 그룹이 서로 대화하면서 새로운 가치를 만드는 것이 중요하다는 사실을 너무나도 잘 알고 있다."라고 말하였다.

지금도 GE는 인재 영입에 더 박차를 가하고 있다. 치열한 인재 전쟁이 벌어지는 실리콘밸리 이외 지역으로도 눈을 돌리고 있다. 이를 위해 본사를 코네티컷에서 새로운 인재를 수혈할 수 있는 대학의 중심지 보스턴으로 이전하였다. GE는 "우리는 또 다른 세상을 준비하고 있으므로 그러한 세상에 적합한 새 인재를 찾아야 한다. 캘리포니아, 매사추세츠, 뉴욕 외 다른 도시 어디든 디지털 인재가 있는 곳이면 어디든 찾아가고 있다."라고 말한다

CHAPTER 4

기존 인프라를 4차 산업혁명에 최대한 활용하는 기업 (Siemens)

CHAPTER 4

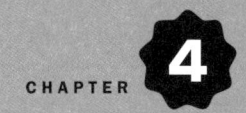

자신들이 팔았던 설비를 이제는 센서로 활용

2000년대 초반까지만 해도 독일은 유럽의 문제아로 불렸다. 낮은 성장률, 높은 실업률, 대규모 재정 적자 등 풀어야 할 문제들이 산적했기 때문이다. 1970년대 이후 독일 제조업의 경쟁력이 상실된 후 많은 전문가가 독일은 더 이상 예전과 같은 성장이 어려울 것이라고 내다 봤다. 더군다나 제조업을 포기하고 새로운 신사업으로의 국가적 전략이 절실히 필요한 때라고 조언하였다. 하지만 2008년 발생한 글로벌 금융위기 이후 반전이 일어났다. 독일 경제가 '제2의 라인강 기적', '불사조' 등으로 불리며 EU 평균보다 높은 경제성장을 지속해 온 것이다. 이러한 성공의 바탕에 지난 2012년 세계 최초로 '인더스트리 4.0'을 내세우며 4차 산업혁명에 뛰어들어 전통 산업인 산업용 설비 기계, 자동차 등과 새로운 ICT 기술을 융합하여 더욱 특화된 경쟁력을 확보하기 위한 노력이 있었다. 사실 산업용 설비 기계와 자동차 제조 분야는 생산자와 사용자 간의 상호작용을 통해 얻은 엔지니어링 역량과 노하우가 중요한 역할을 한다. 따라서 수많은 시행착오를 거쳐 원하는 성능을 발휘할 수 있기까지 긴 시간을 참고 기다리며 일관된 제조 경쟁력 정책을 유지해온 독일의 묵직함을 확인할 수 있다.

인더스트리 4.0의 최초 명칭은 '사이버 물리 생산체계cyber physical production system'라는 다소 딱딱한 이름이었고, 개념도 복잡하였다. 그런데 이를 보고 받았던 메르켈 총리가 대중들이 이해하기에는 너무 복잡한 개념이라고 말하며 좀 더 단순하면서도 상징적으로 표현할 수 있는 방법을 찾으라고 지시했고, 결국 인더스트리 4.0으로 의견이 모아진 것이다.

이러한 독일의 DNA를 물려받아 4차 산업혁명의 선두로 나서고 있는 기업이 지멘스Siemens 이다. 지멘스는 자동화 및 제어, 전력, 운송, 의료, 정보통신, 조명 등 6개의 주 사업 부문을 가진 유럽 최대의 엔지니어링 회사이다. 전 세계에 5만 6,000여 고객사가 있고 특히 대표적인 16개 자동차 제조사 중 약 94%가 지멘스 솔루션을 사용하고 있다. 따라서 중대형 제조사라고 하면 지멘스 설비 장치 및 소프트웨어를 하나 이상은 갖추고 있다고 해도 과언이 아니다.

지금 우리 회사가 지멘스를 주목하는 이유는 단지 잘 나가고 있는 회사라서가 아니라 독일 특유의 근성인 차근차근하지만 맷집을 가지고 강하게 밀어붙이는 승부 근성이 있기 때문이다. 이러한 실행력은 미국의 GE의 전략과는 다르다. GE의 경우 Top-Down 전략으로 산업인터넷이라는 새로운 판을 만들어 모든 산업을 자신들의 플랫폼에 적용하여 컨트롤할 수 있는 환경을 만들겠다는 것이다. 하지만 지멘스는 이미 제조 설비 분야에 있어 경쟁력을 확보하고 있고, 세계 각국에 있는 자신들의 설비 하나하나를 센서로 활용하여 연결과 통합 그리고 지능화라는 4차 산업혁명이 요구하는 미션을 착실히 수행하려 한다. 한마디로 Bottom-UP 전략인 것이다.

인더스트리 4.0 전략의 창시자로 알려져 있는 테트레프 츌케 박사는 "지멘스는 독일이 앞으로 나가고자 하는 생각과 방향을 충실히 이행하고 있다. 비록 느린 공룡처럼 보일 수 있으나 그 파괴력은 새로운 산업혁명을 만들어 내기에 충분한 속도이다."라고 말하였다. 또한, 그는 지멘스, 보쉬 같은 기업들은 예전에는 아날로그로 대표되는 제조업의 모습이었다. 하지만 이제는 IoT, 빅데이터, 인공지능 기술 등의 디지털 기술을 적극 받아들이고 '스마트 팩토리'를 실현하여 새로운 4차 산업 모델을 만들 수 있는 저력을 가지고 있다고 강조하였다.

일반적으로 어떠한 새로운 기술이 패러다임 전환으로 이어지기 위해서는 3단계 기간을 거친다. 우선 기술이 처음 소개되는 기간이다. 이 기간은 기존의 환경에 이 기술을 점진적으로 받아들여 적용하기 시작한다. 예를 들어 새로운 제품 가공 기술이 발명되었을 경우, 제조 공장에 종사하는 엔지니어들은 작업 중 제품 불량이 자주 발생할 경우 이를 해결하기 위해 이 기술을 적용하려 할 것이다. 또는 생산 과정에서 기계나 장치를 사용할 때 얻은 지식을 이 기술과 결합하여 주도적으로 제안하는 모습을 보이기도 할 것이다. 두 번째 기간은 이러한 기술들이 인정되어 새로운 섹터를 만들어 내는 기간이다. 즉, 기술 시스템 또는 플랫폼을 만들어 내는 것이다. 이 기간에서는 해당 산업에 경제적인 영향을 미치다가 동시에 새로운 섹터들을 만들어내면서 다양하게 영향을 줄 수 있는 변화를 이끌어낸다. 컴퓨터, 인터넷, 모바일 등 IT 기술이 대표적이라 하겠다. 마지막 기간에서는 기술 패러다임의 변화가 본격적으로 진행된다. 이때는 이 기술이 중심이 된 생태계가 더욱 확장되어 거의 모든 경제 행위에 영향력을 주면서 그 효과 또한 광범위하게 나타난다. 또한, 산업 곳곳에서 점진적 또는 급진적으로 변화된 모습을 동시에 수반하면서 대규모로 변화한다. 무엇보다 이 기간에는 기술 플랫폼 스스로가 새로운 제품, 서비스를 만들어 내어 지금까지 보지 못한 새로운 산업들의 출현을 견인한다. 따라서 IT로 대변되는 디지털 기술은 지금 패러다임 전환기로 봤을 때 두 번째에서 세 번째 기간으로 넘어가는 중간쯤에 있다고 볼 수 있다. 또한, 기술은 기존의 아날로그 방식을 압도하는 경쟁력을 보여주고 있기 때문에 시장에서 지속적으로 성공할 것이라고 보고 있다.

예를 들어 과거에는 외국의 유명 브랜드 옷을 주문했을 경우 짧게는 2주 길면 4주가 넘게 걸려 배송되는 경험을 겪었다. 제조를 전담하는 외국 국가로 통보되어 만들어진 후 배로 운송하여 고객의 집에까지 오는 시간이 그 정도 걸리기 때문이다. 그러나 이제는 인터넷망으로 연결된 모든 제조, 유통, 판매 사업자들은 고객이 자신의 컴퓨터나 모바일로 클릭을 하는 순간 배송을 위한 준비를 시작한다. 그래서 외국에 있는 공장과 고객 사이에 모든 아날로그 행위를 디지털로 대체하여 며칠 안에 고객 앞에 제품을 배달할 수 있는 프로세스를 만들어 낸다. 이것이 디지털 기술의 힘이다.

지멘스는 과거 전신, 전기 사업의 성공 경험을 바탕으로 발전 설비, 산업 설비, 통신, 반도체, 가전 등으로 양적 성장을 위한 노력을 지속해 왔다. 하지만 지속되어온 글로벌 시장의 저성장과 아날로그 산업의 한계 속에 새로운 미래 수익 모델을 찾기 시작하면서 자신들의 기업 비전을 다시 수립한다. 바로 디지털인 가상적인 세상 virtual과 아날로그로 대변되는 물리적인 physical 제조 환경을 융합시켜 새로운 가치를 창출하겠다는 것이다. 최초 IT 기술로 디지털 가상공간이 만들어진 것이 1990년대 말에서 2000년대 초반까지였다면, 2012년 이후 앞으로는 가상공간이 물리적인 세상과 융합을 시도하는 시대가 올 것이라는 함의가 담겨져 있다. 지멘스는 기존에 자신들이 추구해 오던 제조업의 시스템 자동화 공장, 발전, 교통 등에 디지털 공간을 연결하기 위해 수직, 수평적으로 통합하려 하고 있다. 이미 수직적 vertical 으로는 설비를 디지털로 통합 관리할 수 있는 소프트웨어 PLM를 개발했고, 이것을 제대로 작동하기 위해 생산라인, 관련 시설, 주변 시스템을 디지털화하고 사물인터넷을 장착시켜 수평적 Horizontal 으로도 이 모든 것을 연결하고 있는 중이다. 지멘스에는 이러한 디지털 기술과 관련된 신사업 기회를 발굴하는 미래 전망팀이 있다. 이곳에서는 '디지털화와 소프트웨어 기업', '디지털 트윈', '신재생 에너지와 효율성' 등의 아젠다로 4차 산업혁명의 구체적인 전략을 수립 중에 있다. 특히 지멘스는 자신들이 생각하는 미래 시나리오를 만들기 위한 Big Why로 인구 변화, 경제 저성장, 인공지능와 빅데이터 기술 발전 속도, 기후 변화 등을 선정하고 생산의 완전 자동화로 경제적 효익을 극대화하는 미래 모습 Big Picture 을 그리고 있다. 이를 실현하기 위해 가장먼저 그동안 자신들이 팔고 있던 하드웨어에서 발생하는 데이터를 모두 모으고 있다. 그동안 의미 없다고 버려 왔던 데이터가 이제는 새로운 돈을 만들어 낼 수 있는 서비스 모델이 된다는 것을 알았기 때문이다.

제조의 서비스화에서 디지털화로 전환

 지멘스가 오래전부터 인더스트리 4.0 전략을 세워 4차 산업혁명을 리드하려 했다는 것으로 알고 있는 사람들이 적지 않다. 하지만 이러한 제조 공장의 디지털화로 스마트한 공장을 만들겠다는 생각은 2012년 이후에서야 본격적으로 추진해 왔다. 그 이전에는 기존 제조업 시스템에 어떻게 하면 고객에게 질좋은 설비 유지 보수를 더 잘 지원해 줄 수 있고, 고객이 제품을 생산하는 데 더욱 다양하게 기술 지원을 줄 수 있는지에 관해 다양한 고민을 해왔던 시기였다. 이러한 고민이 있었기에 지금의 스마트 공장에 기본이 되는 초기 버전의 소프트웨어와 서비스를 만들어 낼 수 있었다.

 거슬러 올라가서 보면 처음 전신회사로 시작한 지멘스는 발전과 전력망, 제조, 의료기기 등의 분야에서 유럽 최대의 엔지니어링 회사였으나 1990년대부터 한계에 봉착하였다. 당시 독일은 막대한 통일 비용, 독일 구조 변혁의 지체, 세계 경제 불황 등으로 심각한 위기 국면을 맞이하고 있었고 지멘스 역시 어려움을 겪었다. 이러한 위기를 극복하기 위해 지멘스는 자사의 제품에 소프트웨어를 이용한 서비스에 집중하기 시작하였다. 대표적인 것이 PLM Product Lifecycle Management 소프트웨어이다. PLM은 공장에서 만들어지는 제품의 콘셉트, 설계, 개발 등 관련된 모든 정보를 저장하고 관리하여 생산성과 품질을 향상시키기 위한 프로세스가 탑재된 소프트웨어를 말한다. 한마디로 제품이 탄생해서 죽을 때까지 전 과정을 지켜볼 수 있고 만약 제품에 문제가 생기면 추적 관리할 수 있는 플랫폼을 의미한다. 지멘스는 PLM을 중심으로 모든 산업 분야의 기업들에게 최적의 제품을 개발하고, 운영할 수 있는 방법을 제시하기 위해 노력하였다. 지금은 전 세계 7만여 고객사들에 제품 서비스를 제공하고 있는 세계적인 산업 소프트웨어 공급업체가 되었다.

하지만 당시의 PLM의 운영 방식은 사람이 일일이 제품의 설계부터 개발까지 관여하여 PLM 시스템에 등록하고 관리해야 했다. 따라서 사용자 입장에서 잘못된 정보 등록이나 누락으로 인해 제품 생명주기 Lifecycle 관리 자체가 잘되지 않거나, 제품과 관련된 제한된 데이터로 인해 품질 분석에 문제가 적지 않았다. 이러한 문제를 근본적으로 해결하기 위해 지멘스는 새로운 판을 고민해야 했다. 이를 위해 제조 분야에 기획, 설계, 구매, 생산에 이르는 가치 사슬을 수평적으로 통합하는 동시에 IoT, 빅데이터, 클라우드 등 IT 기술을 활용해 설비, 제어, 계측 레벨의 수직적 통합이 함께 이루어질 수 있는 플랫폼을 구상하였다. 특히 이러한 플랫폼을 물리 공간과 사이버 공간을 하나로 결합할 수 있는 디지털 트윈 모델로 발전시키려

하였다. 즉, 공장 안 모든 생산 설비, 계측, 센서, 제품 등이 IoT 기반 유무선 네트워크로 연결되어 제품 개발과 진행에 관한 모든 정보가 디지털 환경과 실시간으로 통신하고 이 모든 과정을 PLM에서 관리 될 수 있는 환경을 만들고자 한 것이다. 이런 생각은 지금의 스마트 팩토리를 만드는데 기본 사상이 되었다. 2012년에 처음으로 인더스트리 4.0의 청사진이 발표되면서 구체적인 기술 로드맵과 구현 모습을 공개하였다. 이후 지속적으로 새로운 신기술을 수용하고 전략을 보강하여 지금의 4차 산업혁명 제조 환경에 디지털화의 모범적이고 구체적인 모습으로 발전하고 있다.

지멘스가 하려는 디지털화의 핵심은 한마디로 계획_{설계 및 시뮬레이션}, 생산, 서비스 등 제품 수명주기 전체의 연결과 공유이다. 이러한 지멘스의 디지털화가 기존 기업들의 제품 개발 환경과 구별되는 가장 큰 단계별 특징을 살펴보면 다음과 같다. 지금까지 대부분의 기업은 제품 계획 단계에서 기초 데이터를 포함한 설계 구조가 이후 시뮬레이션 과정에서 생겨난 변경 사항들과 직접 동기화되지 못하였다. 계획 및 시뮬레이션 시스템은 일반적으로 독립적인 브랜드 및 다른 개발 환경으로 구축되어 왔고, 대부분 인터페이스를 한 방향으로 사용하기 때문에 비동기화가 그동안 너무 당연하게 여겨져 온 것이 사실이다. 하지만 새로운 제조 디지털화를 구현하기 위해서는 항상 변화하는 상황에 대한 양방향 피드백 루프가 필요하다. 따라서 지멘스는 PLM의 첫 단계인 설계와 시뮬레이션 간에 자유롭게 순환할 수 있는 새로운 데이터 백본을 구현함으로써 디지털 트윈을 위한 핵심 데이터 관리 및 처리 기술인 디지털 스레드의 기본적인 구현을 가능하게 하였다.

다음으로 생산 단계에서는 로보틱스와 적층 제조Additive Manufaturing 기술을 결합해 지금까지 제품 형상이 너무 복잡하여 가공비가 상당히 높거나 정밀한 가공이 힘들었던 부분을 해결해 주고 있다. 물론 비용적인 측면에서도 완전 자동화로 인한 높은 시장 가격 경쟁력을 갖는다. 이러한 지멘스의 효율적 생산을 지원하는 PLM은 모션 컨트롤, 공장 자동화, PLC, 로보틱스 컨트롤 등 제조 환경의 많은 요소를 디지털 환경으로 연결하고 서로 커뮤니케이션을 할 수 있도록 지원한다. 한편 활용 단계에서는 빅데이터 수집과 분석을 제공하는 클라우드 기반의 마인드스피어MindSphere 플랫폼을 중심으로 방대한 양의 고객 사용 데이터를 분석하여 어제보다 더 좋은 오늘의 제품을 만들기 위한 의사 결정을 지원하고 있다.

한마디로 지멘스의 디지털화는 지금의 제조 환경에서 극복하지 못했던 기업 수준을 한 단계 더 점프하는 것이다. 기존에는 기술 수준, 생산 구조 등의 제약으로 인해 설비와 제품과 사람이 분리되어 각각의 영역에서 최선의 서비스 제공을 추구할 수밖에 없었다. 하지만 새로운 판에서는 AI, 로봇, 3D 프린팅, IoT 등 첨단 기술을 활용하여 생산 설비와 제품과 관련 작업자들을 하나의 벨류 체인으로 묶어 데이터가 자유롭게 오고 갈 수 있는 디지털 환경 구현이 가능해졌다. 이러한 생산 환경은 앞으로 더욱더 새롭고 다양한 형태의 제품과 서비스 등을 요구하는 고객들에게 적시에 맞춤형으로 제공할 수 있는 대안이 될 것이다.

현재 독일 남동부 바이에른주 암베르크에 2억 유로를 투자하여 스마트 팩토리를 시범 운영하고 있다. IoT로 연결된 제품 생산 모든 과정에서 데이터가 발생하고 이 정보는 PLM으로 바로 전송된다. 또한, 기계 이상이나 불량품을 감지하는 1,000여 개의 센서가 곳곳에 있어 문제가 생길 때마다 원인을 분석한 내용이 작업자에게 전달한다. 작업자는 즉시 원격제어를 통해 문제를 해결한다. 현재 암베르크 공장은 75%의 디지털화가 되어 있다. 아직까지 기계가 사람을 대체하는 것이 아닌 사람과 기계가 함께 데이터 활용을 통해 생산성과 품질을 향상시키고 있다. 즉, PLM을 통해 엔지니어가 제품을 중심으로 설계부터 생산 및 출하 단계의 중간중간 진행 관리에 대한 의사 결정을 하고 있다. 하지만 생산성은 25년 만에 8배 향상된 결과가 나오고 있으니 디지털화의 힘이 얼마나 대단한지 짐작할 수 있다. 향후에는 인공지능 기술을 활용하여 사람은 전략과 기획을 담당하고 기계가 모든 생산 관련 일을 스스로 수행하고 판단할 수 있을 것으로 보고 있다.

결국, 미래 사회의 운명을 가를 핵심은 누가 빨리 4차 산업혁명에서 요구하고 있는 제품 제조 속도와 다양성, 가격과 고품질 서비스에 대한 디지털 자동화 기술을 우선 확보하고 가치를 만들어 내는가에 달려 있다. 이를 위해서는 기존의 생산 시설, 기계 장치 등 오프라인상의 모든 것을 통제 관리 영역으로 두고, 오직 투입된 자원에만 철저히 관리하고 효율화를 추구했던 제품 설비 중심의 문제 해결 방식에서 벗어나야 한다. 고객이 원할 때 언제든지 새로운 콘셉트에 대한 정의를 할 수 있고 고민을 해결해 줄 수 있는 프로세스 중심의 문제 해결 방식으로 변해야 한다. 이를 위해서는 스스로 지능화될 수 있는 디지털 플랫폼 중심으로 설계, 생산, 고객의 사용까지 하나의 판에서 데이터로 모든 정보를 주고받으며 제품을 생산관리 할 수 있어야 한다. 지금 GE, 지멘스뿐만 아니라 세계적인 유통회사인 아마존, 전기차 제조사인 테슬라 등 전 세계 글로벌 기업들 역시 4차 산업혁명이 요구하고 있는 플랫폼을 먼저 정의하고 만들기 위해 치열한 노력을 하고 있다.

03 디지털 솔루션의 핵심인 마인드스피어(MindSphere)

2017년 5월 지멘스 회장 겸 최고경영자인 조 케저 Joe Kaeser가 한국을 찾았다. 제주도에서 열린 '통일 한국, 기업에서 미래를 찾다'라는 주제로 열린 포럼에 기조연설을 발표하기 위해서였다. 비록 나는 참석하지는 못했지만 조 케저 회장의 연설문을 보면서 지멘스는 더 이상 제조 기업이 아닌 혁신 기업이라는 사실을 새삼 느낄 수 있었다. 그는 연설에서 과거 공장 자동화나 ERP 등을 적용한 정보화가 초창기의 스마트 팩토리였다면, 앞으로는 생산, 설비 운영 등 관리 경영을 플랫폼화하려는 시도가 스마트 팩토리의 핵심이 될 것이라고 강조하였다. 이에 맞춰 지멘스는 4차 산업혁명에 디지털 기업으로 변신하기 위한 '비전 2020'을 선포하고 전력화 Electrification, 자동화 Automation, 디지털화 Digitalization 에 집중 투자하고 있다. 지멘스는 항상 새로운 변화에 적응하기 위해 끊임없이 노력하였고, 그 결과 지난 10여 년 동안 50%의 사업 포트폴리오를 변경하였나. 하지만 중요한 사실은 사람을 포함한 모든 것이 바뀌어도 결국 변하지 않는

데이터가 미래의 불확실성에 대응할 수 있는 유일한 해법이라는 것이다.

빅데이터 분야 권위자 스티브 브롭스트는 데이터를 활용하지 않는 기업은 미래가 없다고 강조하며 "지금 세상은 빅데이터를 가지고 가장 드라마틱한 변신을 하고 있다."라고 말하였다. 그에 따르면 네덜란드 가전회사인 '필립스전자'의 경우 과거에는 1년마다 새로운 전동칫솔을 만들어 내는 것에만 집중하였다. 하지만 이제 필립스는 센서가 달린 전동칫솔에서 어떤 데이터를 분석해서 소비자의 충치를 예방할 수 있는지에 관해 고민하고 있다고 한다.

지멘스는 공장에서 발생하는 데이터 가운데 겨우 1%만 분석에 이용한다는 사실을 알았다. 그래서 단편적인 데이터 분석이 아닌 다양한 센서에서 발생하는 데이터를 조합하고 분석하기 위해 빅데이터 분석 플랫폼 마인드스피어 MindSphere 를 개발한다. 마인드스피어는 방대한 센서 데이터를 처리할 수 있는 기술, 다양한 알고리즘을 활용하여 분석하는 기술을 동시에 갖고 있다.

이러한 마인드스피어의 기본적인 구조는 제일 아래층에 통신 연결을 담당하는 부분과 함께 사용자가 정의한 데이터를 실시간으로 수집하여 해석할 수 있는 데이터 처리부가 위치하고 있다. 데이터 처리부는 다양한 유형과 브랜드의 생산 설비와 장치를 연결하여 데이터 수집을 가능하게 하는 MindConnect나 센서들 간에 유무선 통신으로 연결된 IoT Gateway 두 가지 형태로 연결될 수 있다. 또한, 데이터를 정제하여 종류에 따라 분류한 다음 각각에 의미를 부여하

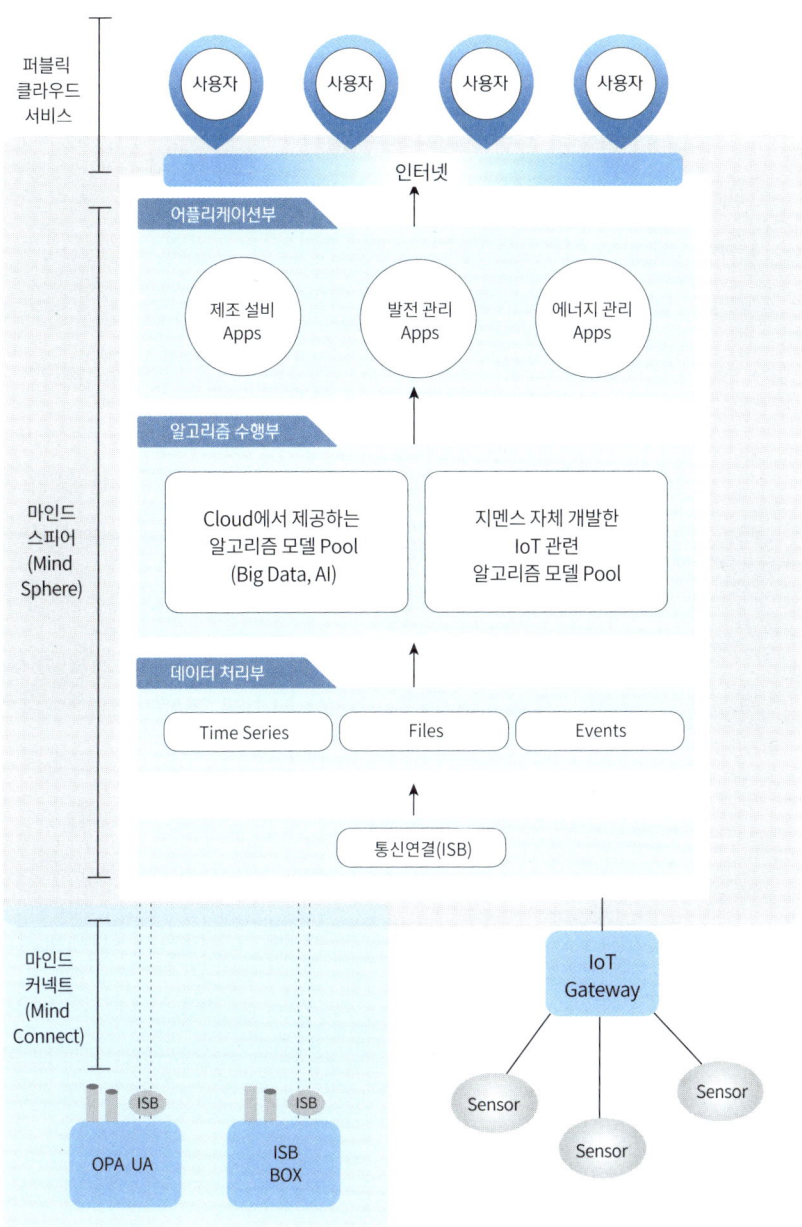

는 기능을 이곳에서 담당한다. 이렇게 처리된 데이터는 빅데이터, AI 등의 분석을 할 수 있는 알고리즘 수행부로 올라간다. 데이터 분석을 할 때는 자체적으로 구축한 분석 알고리즘을 사용할 수도 있고, 만약 사용자가 원할 시 SAP*의 클라우드 플랫폼에서 제공하고 있는 알고리즘 모델을 활용하여 분석을 대신할 수 있다. 클라우드 서비스 상에는 이미 다양한 분석 알고리즘이 만들어져 있기 때문에 분석가 또는 사용자들의 다양한 관점과 요구를 만족시켜 줄 수 있는 장점을 가지고 있다. 그리고 그 위층에는 사용자가 원하는 특정 비즈니스에 관한 분석을 반복적으로 실행하고 이를 인터넷 환경에서 언제든 사용할 수 있는 Apps들로 구성된 애플리케이션 부가 있다. 이렇게 3개의 층으로 이루어져 있는 마인드스피어는 기계, 발전, 에너지 등 어떠한 제조업체든 간단하게 연결, 안전하고 쉽게 데이터를 저장할 수 있다. 또한, 저장된 데이터를 인공지능, 빅데이터 분석 알고리즘을 적용하여 산업 현장의 설비와 공정을 최적화하고 생산 효율성을 높일 수 있다. 예를들어 현재 공정이 전·후 공정에 미칠 영향 정도를 예측하여 에너지 및 자원 소비를 최적화하거나, 그동안 생산량, 가공 시간, 정밀도, 불량률 등의 정보를 파악하기 까다로웠던 공작 기계까지 자동으로 데이터베이스DB화하여 빅데이터 분석이 가능하다.

이렇듯 지멘스의 데이터를 활용한 비즈니스 전략은 기존 하드웨

※ SAP: 재무, 영업, 자산관리 등 다양한 업무 영역별 IT 비즈니스 솔루션을 제공하는 독일의 다국적 소프트웨어 기업

어 중심의 제조설비 기술 경쟁력 확보에서 이제는 디지털 기술과의 융합으로 새로운 부가가치를 제공할 수 있는 소프트웨어 중심의 신성장 동력 사업 발굴에 초점이 맞추어져 있다.

구체적으로 5가지로 나눠 살펴보면 첫째, 기계와 인간 간에 융합을 통한 지능화이다. 기존의 설비를 디지털화하되 인간의 능력을 대변할 수 있는 인공지능 기술과의 융합으로 생산 비용을 극적으로 절감하고 새로운 부가가치를 창출한다는 것이다. 두 번째로 에너지 솔루션화이다. 아날로그로 자원인 에너지를 공유 경제의 거래 패러다임을 전제로 한 디지털 데이터로의 변환 기술, 그리드Grid 저장 기술 등을 확보하여 에너지 생산부터 소비까지 디지털 상품화하는 것이다. 세 번째로 이러한 에너지의 개인 간 교환 시 제로 비용으로 거래가 가능하도록 거래 중개와 금융 및 보안 기술을 확보하는 것이다. 네 번째로 데이터 거래 시장 선점이다. 제조에 관한 고객 데이터 분석·가공·판매의 생태계를 조기에 확보하여 새로운 수익 구조를 창출한다는 것이다. 마지막으로 고객과의 네트워크 강화이다. 새로운 제조 및 에너지 플랫폼의 핵심은 고객의 적극적 참여와 데이터 제공에 대한 신뢰이다. 따라서 고객의 직접적인 성과 창출을 위한 분석 컨설팅 및 플랫폼 제공을 적극 지원한다는 것이다.

아직 전 세계적으로 데이터 분석 기반의 디지털 플랫폼 비즈니스 시장은 초기 단계이다. 구체적 사업 모델이 불분명하므로 지멘스는 자사의 1차 고객과 함께 시범 프로젝트를 진행하고 그 안에서 다양한 비즈니스 모델을 개발하고 있다. 즉 철저한 내부 역량을 쌓은 후 본격적으로 시장으로 진출하려 한다. 이때 데이터 비즈니스의 핵심 플랫폼인 마인드스피어를 두 가지 방식으로 고객에게 제공하려 한다. 하나는 고객이 마인드스피어 플랫폼을 직접 활용할 수 있도록 하는 것이다. 공장의 데이터를 마인드스피어에 저장해서 분석할 수 있도록 공장과 마인드스피어를 연결하는 형태다. 이는 마인드스피어에 저장된 데이터를 고객이 직접 관리할 수 있고, 보안상의 이슈도 최소화할 수 있는 장점이 있다. 다른 방식은 고객이 지멘스 데이터센터로 자신들의 데이터를 전송하고, 지멘스는 마인드스피어를 통해 그 데이터를 분석한 후 고객에게 결과를 제공한다. 현재 지멘스는 과금 기반의 클라우드 서비스에 자신들의 분석 플랫폼을 탑재하여 고객들에게 제공하고 있는 두 번째 전략에 주력하고 있다. 또한, 필요시 고객들이 자신들의 공장에 데이터를 스스로 수집해서 분석할 수 있는 Apps를 개발할 수 있도록 지원하고 있다. 하지만 지멘스는 앞으로 고객의 고민이 더욱 다양해질 것으로 내다보고, 데이터 분석을 컨설팅해주는 서비스 영역까지 플랫폼과 함께 제공할 예정이다. 이는 기존과는 차별화된 제품이나 기능도 중요하지만, 플랫폼을 고객이 적극 사용함으로써 생태계를 구축하는 것이 지멘스가 궁극적으로 지향하는 바이기 때문이다.

지멘스의 마인드스피어와 가장 많이 비교되는 플랫폼이 GE의 프레딕스Predix이다. GE의 경우도 2000년 초반 Big Data 트렌드가 주목받기 시작할 당시 데이터가 미래 경쟁력임을 깨닫고 R&D에 과감한 투자를 한다. 가장 먼저 자신들이 전 세계 수많은 전력, 통신, 운송 인프라를 유지 보수하며 발생하는 엄청난 양의 버려지는 데이터를 모아 새로운 서비스를 창출하고 가치를 높일 수 있는 프레딕스를 개발한다. 현재까지 프레딕스 플랫폼을 사용하고 있는 고객은 약 300여 개로 IoT, 빅데이터 분석 플랫폼 시장에서 가장 앞서가고 있다.

비록 지멘스는 GE보다 속도 면에서 느리지만 마인드스피어를 통해 자신들의 1차 고객들이 가지고 있는 공장들의 각자 수준에 맞게 차근차근 자동화 또는 지능화를 추진하고 있다. 또한, 독일 암베르그 Amberg에 디지털 공장을 지어 '불량률 제로 Zero'라고 하는 4차 산업혁명의 이상적인 모델을 실제 구축하여 스스로 신기술의 검증과 개발을 반복하며 진화하고 있는 중이다. 이처럼 지멘스는 고객과 디지털로 협력하고 공생할 수 있는 생태계를 구현하기 위해 노력 중이다. 즉, 전 세계 고객들 대상으로 데이터로부터 새로운 가치를 만들어 낼 수 있는 마인드스피어를 이해시키기 위해 지속적인 활동을 하고 있다. 또한, 고객 현장에 경제적 가치 창출이 확실한 기술부터 적용하겠다는 원칙으로 고객이 스스로 디지털 기업으로의 변신을 원할 때까지 꾸준히 소통하고 있다. 따라서 GE보다 느리지만 실행력에 있어서는 누구보다 강한 기업이라고 할 수 있다.

04 내부 전문가를 육성하는 전략

　최근 4차 산업혁명을 이야기할 때 가장 많이 거론되는 것이 AI다. 많은 사람이 인공지능으로 인해 그들의 일자리가 사라질 것이라고 경고하고 있기 때문이다. 이러한 분위기 속에 인더스트리 4.0 전문가로 유명한 독일 뮌헨공대 클라우스 마인처 교수는 "독일의 4차 산업혁명은 사람을 빼놓고 이야기할 수 없다."라고 말한다. 그는 특히 "4차 산업혁명 시대에 일자리가 줄어들겠지만, 그에 맞춰 새로운 신기술을 수용하는 사람들은 새로운 일자리를 만들어 낼 수 있다."면서 정부나 기업이 나서서 AI, 빅데이터 등의 전문가를 양성하는 것이 어느 때보다 중요하다고 강조한다. 하지만 현실은 그렇지 못한 것 같다. 최근 MIT의 글로벌 300개 기업을 대상으로 실행한 설문조사에 따르면 디지털 기술이 산업을 혁신시키고 있다고 응답한 기업이 90%에 달하지만, 디지털 인재를 확보하기 위해 노력하고 있다고 답변한 기업은 40%도 되지 않는다고 하였다. 또한, 2016년 기업의 경영과 재무를 주로 컨설팅하는 회사 PwC는 글로벌 경영진을 대상으로 발표한 보고서에서 2020년이 지나면 디지털 기술을 가지고 있는 인재 확보가 중요한 경영 이슈가 될 것이고, 지금 디지털화 초기에 그러한 인재를 확보하는 것이 미래 성장 동력을 확보하는 지름길이라고 강조하였다.

이에 미국의 GE는 시장에 이미 준비된 IT 전문가를 영입하여 자사의 핵심 인력으로 확보 중이다. 전통적으로 IT 산업 강국인 미국은 실리콘밸리에 IBM, 구글, 애플, MS, 페이스북과 같은 막강한 IT 기업들을 유치하고 있어 언제든지 IT 고급 전문가들을 쉽게 공급할 수 있기 때문이다.

반면 오래전부터 제조업 중심으로 산업을 발전시켜 왔던 독일은 화학이나 철강, 자동차, 건설 등 전통적인 산업에 강점을 가지고 있는 나라이다. 이와 관련된 인재 전문성과 규모 또한 최고 수준이다. 중소기업이 국가의 버팀목이 된다는 정신으로 대기업과 중소기업 간 동반 성장을 강조하며, 독일식의 인력 육성 방법인 마에스트로 제도를 통해 자국 내 핵심 기술 인력을 양성하는 데 집중해 왔다. 그러나 새로운 시대의 4차 산업혁명에서는 제조업과 첨단 IT 산업의 새로운 융합을 요구하고 있다. AI, IoT, 빅데이터 등을 활용해 기계가 서로 소통하게 만들고, 높은 부가가치를 창출하는 쪽에 초점이 맞추어져 있다. 따라서 미국에 비해 취약한 IT 분야에서의 전문 인력 확보는 독일에게 있어 큰 숙제가 아닐 수 없다.

이러한 독일의 여건 아래 지멘스는 그동안 국가적으로 추진해 온 기술 인재 양성 정책과 일맥상통하게 4차 산업혁명에 필요한 젊고

유능한 인재를 내부에서 확보하여 핵심 인재로 육성하려 하고 있다. 대표적인 4차 산업혁명 제조 현장인 암베르그 공장은 아날로그 방식의 자동화 시스템에 AI, IoT, 디지털 트윈 등의 신기술을 적용하여 생산성을 8배나 향상시켰지만 공장 내 직원 규모는 기존과 동일하게 유지하고 있다. 단순 작업의 자동화와 의사 결정 체계가 디지털화되면서 더 이상 역할이 없어진 작업자들을 새로운 개발과 연구 분야로 전환하여 도메인 지식과 IT 기술을 접목할 수 있는 역량을 갖춘 디지털 인재로 확장시킨 덕분이다. 또한, 하인리히 폰 피러 Heinrich von Pierer 전 지멘스 회장의 경우도 내부 인사에서 핵심 인재로 육성되어 CEO까지 된 대표적인 사례이다. 이렇듯 지멘스는 인재 양성을 위한 그룹 차원 교육 프로그램과 스타트업 지원 프로그램을 운영하여 내부 인재들이 성장할 수 있는 기회를 제공하고 있다. 지멘스 인재육성관리 프로그램은 직원들 개개인의 특성에 따라 차별화된 교육 프로그램과 연계하여 개인의 연간 업무 실적 및 개발 현황을 분석, 평가한다. 특히 인더스트리 4.0에서 요구되는 빅데이터, IoT, 디지털 트윈 등의 전문 역량을 보유한 핵심 인재는 철저한 현장 교육과 훈련을 통해 육성된다.

이와 병행하여 지멘스는 2016년 10월 스타트업 사업부 '넥스트 47 Next 47'을 신설한다. 전 세계에 디지털 혁신을 추구하는 스타트업 기업을 양성하고 함께 프로젝트를 추진하면서 인력 교류 등의 방법으로 내부 직원들을 디지털 인재로 양성하기 위한 목적이다. 지멘스의 조 케저 회장은 "지금 우리는 공유와 협력이라는 새로운 패러다임을 적극적으로 활용할 필요가 있다. 따라서 우리가 원하는 디지털 인재를 확보하기 위해서는 각자 자신들의 사업적 목적을 위해 일하고 있지만 결국에는 지멘스를 위해서도 일하고 있는 환경을 만들어야 한다. 그것이 바로 넥스트 47이다."라고 하였다. 넥스트 47의 첫 번째 프로젝트는 유럽 항공기 제조업체 에어버스와 항공 전력화를 위한 협업으로, 양사는 2020년까지 중소형 여객기의 하이브리드 및 전기 추진 시스템 개발에 착수한다. 지멘스는 이 프로젝트를 통해 여객기의 하이브리드 전기 추진 시스템과 관련된 내부 전문가를 50명 이상 양성하고 확보하는 것을 목표로 하고 있다. 또한, 인공지능과 자율 분산형 네트워크가 적용된 차세대 교통 시스템 등을 혁신 분야로 선정하고 AI, IoT, 빅데이터 전문가 양성을 준비하고 있다.

지멘스는 지금 지멘스식 4차 산업혁명 인재를 양성하고 있다. 내부의 사람이 지멘스를 가장 잘 이해하고 있기 때문에 굳이 새로운 외부 인력을 채용할 이유가 없다고 생각하고 있다. 만약 채용을 하더라도 기존의 성공 방정식인 미래를 잘 외워서 잘 말하는 사람이 아니라 새로운 아이디어를 가진 사람, 콘텐츠를 만들어 낼 수 있는 사람을 원하고 있다. 결국 이것이 왜 지멘스가 내부 인재를 육성하기 위해 남들보다 더욱더 많은 투자와 집중을 하고 있는가에 대한 이유가 아닌가 생각한다.

외부와의 적극적 교류를 함으로써 내부의 인재를 양성하려는 지멘스 전략과 유사한 기업 중의 하나가 포스코이다. 포스코 역시 4차 산업혁명에 적합한 인재를 내부에서 찾아 육성하기 위해 한창 노력 중이다. 우선 2016년 초 포스코를 포함하여 전 그룹사 경영층들의 포스코 스마트화에 대한 이해도를 높이기 위해 POSCO Executive Academy를 서울에서 개최하였다. 포스코 25개 그룹사의 임원 총 190여 명이 참여하여 지금 포스코에 디지털 기업으로의 변신이 왜 필요하고, 앞으로 어떻게 나아가려 하는지에 관한 CEO의 철학과 사상을 이해하고 토론하는 시간을 가졌다. 이후 전 직원 대상으로 인공지능 기본 과정 필수 교육을 개설하였다. 포항공대, 서울대 등 국내 유수 대학의 교수님들이 직접 포스코, 포스코 건설, 포스코 에너지 등 5개 그룹사 약 5,500명의 직원을 대상으로 교육하였고 대부분 이 과정을 수료하였다. 아마 국내 기업 중 전직원 대상으로 4차 산업혁명을 준비하는데 필요한 핵심 기술인 인공지능을 CEO 의지를 가지고 교육하는 사례는 드문 경우이다. 지금은 기본 과정을 수료한 직원 중 핵심 인력을 자체 선발하여 인공지능 심화 과정을 진행하고 있다. 2018년 1월에 수료하는 인공지능 전문가들은 향후 포스코가 하고 있는 사업 분야 곳곳에 파견될 것이다. 그들은 포스코 스마트 팩토리 플랫폼을 확산시키는 역할을 하고, 이를 기반으로 산업별 필요로 하는 Apps를 개발하여 그룹 전체의 시너지를 만들어 내는 역할을 담당할 것이다. 이러한 내부 기술 전문가 양성과 병행하여 외부에 잘 만들어진 기술을 확보하고 있는 기업들과는 파트너십을 적극적으로 맺어 나가며 4차 산업혁명을 리딩할 스마트 인재 풀Pool을 확충해 나가고 있다. 아마존, 구글, MS, IBM 등 글로벌 IT

기업의 인재들과 우리의 비전을 공유하고 지금의 비즈니스 플랫폼인 ERP, SCM, MES 등을 뛰어넘어 새로운 비즈니스 플랫폼을 만들기 위한 IT 솔루션 개발을 함께 준비하고 있다. 또한, 포항공대, 포항산업과학연구원 등 대학 연구기관과 협력 체계를 구축하여 컴퓨터, 산업공학, 제어계측 등의 분야에 R&D 인력들과 교차 근무를 시행하고 있다. 포스코 인력을 연구소에 파견하여 역량을 향상시킴과 동시에 연구소의 연구원들이 제조 현장에 근무함으로써 주변 엔지니어들의 수준 향상을 기대하고 있다.

결국 포스코에서 말하고 있는 스마트 인재와 지멘스의 디지털 인재를 양성하는 것은 단순히 인공지능, IoT, 빅데이터 등 IT 기술에 관한 많은 지식의 보유가 그 목적이 아니다. 두 회사는 지금 4차 산업혁명이라는 새로운 판으로 갈아타기 위해 도메인 지식 Domain Knowledge을 가장 잘 이해하되 새로운 기술을 능숙히 융합시킬 수 있는 인재를 원하고 있다. 더군다나 조직 문화를 잘 이해하고 있는 인재와 함께 한다면 더욱더 빠르게 전진할 수 있을 거라 생각하고 있다. 특히 포스코의 경우 그동안 몇 번의 대규모 혁신 활동을 하며 내부에서 오랜 경험과 산업의 지혜를 가지고 있는 인재를 잘 선발하고 육성하는 것이 외부 인재를 영입하는 것보다 더욱 효과적이었다는 사실을 잘 알고 있다.

GE와 지멘스의 좋은 DNA만 배우자

4차 산업혁명을 통해 생산자가 아닌 소비자 입장에서 달라지는 것은 아마 지금보다 높은 수준의 복지와 생활 영위가 가능한 사회가 된다는 것이다. 생활의 경우 공산품과 생필품 가격이 재료비 수준으로 낮아져 모든 사람이 필요한 물건을 언제든지 싼 가격에 구매할 수 있을 것이다. 예를 들어 생활용품 업체로 유명한 '다ㅇㅇ' 매장처럼 평균 1,000원대의 상당히 저렴한 가격이지만, 품질 면에서는 지금과 같은 낮은 수준이 아닌 상당히 내구성 있고 다양한 제품들이 있는 것이라 상상하면 될 것이다. 또한, 인공지능과 VR 기술의 발전으로 공간의 제약 없이 누구든지 필요하면 가상공간 안에서 만날 수 있고, 함께 여행도 같이 가고 밥도 같이 먹으며 얘기를 나눌 수도 있을 것이다. 실제 미국 어느 챗봇 회사는 교통 사고로 죽은 남자 친구로 인해 우울증에 걸린 여자에게 그 남자의 모든 히스토리 데이터를 모아 인공지능으로 구현한 챗봇을 만들어 주었다. 그 후 남자 친구가 보고 싶을 때마다 챗봇을 통해 실제와 같은 일상의 대화를 할 수 있게 되어 그 여자의 우울증이 상당히 치료된 사례도 있다.

이러한 새로운 시대를 만들기 위해 GE와 지멘스는 그동안 어떠한 전략과 기술을 추구했는지를 앞에서 살펴보았다. 얼핏 보면 비슷한 모습 같지만 과정에 있어는 두 국가의 서로 다른 DNA가 그대로 반영된 듯 상당히 다른 전략을 취하고 있다. 미국은 전통적으로 마케팅이 강한 나라이다. 규모도 대국답게 한번 시작하면 판을 크게 벌린다. 개별 기술 구현에 집중하기보다는 기술 특허를 선점해 글로벌 표준으로 만들어 버리고, 개별 산업에 접근하기보다는 전 산업의 적용 가능한 판을 구상한다. 반면 독일은 전통적으로 마에스트로 정신이 있어 상술보다는 기술에 온 힘을 쏟아 목표한 수준에 도달할 때까지 자신의 기량 향상을 위해 끊임없이 투자한다. 한번 시작하면 기술의 끝을 보겠다는 집념인 것이다. 그러다 보니 옆에서 볼 때는 느린 것처럼 보일 수 있다. 하지만 시간이 지날수록 축척된 기술 노하우로 인해 그 파괴력은 어느 나라보다 강하다.

4차 산업혁명의 새로운 판을 만들어 가는 데 있어서 두 국가가 치열하게 경쟁하고 있다. 디지털 산업을 선점하기 위해 데이터 분석 플랫폼 개발 경쟁을 벌이고 있는 것이다. GE는 누구나 자사의 분석 플랫폼을 사용할 수 있는 개방형 전략으로 현재 300여 개의 협력사가 서비스를 사용하고 있고, 지멘스는 아직 공급 실적은 부족하지만 디지털 제조 분야를 중심으로 느리지만 강력하게 영향력을 확대하고 있다. 미국표준협회 ANSI, American National Standards Institute 에 따르면 GE와 지멘스가 4차 산업혁명 모델을 추구하는 디지털 공장 시장을 두고 1차 각축전을 벌이고 있다고 한다. 표준협회에 따르면, 우선 GE는 디지털 공장 플랫폼의 개방성 측면에서 지멘스에 앞선다. 제조업체마다 각양각색의 생산 시스템이 존재하는데 GE의 플랫폼은 그러한 시스템들과 모두 호환될 수 있는 통로 Interface를 제공하고 필요시 무료로 사용해 볼 수 있기 때문이다. 반면 GE가 새로운 판을 주도하는 동안 지멘스는 제조 공장 디지털 자동화 분야에서 앞서 있다고 한다. 이미 자사 공장에 로봇을 통한 자동 생산 체계와 이러한 환경을 PLM을 통한 디지털 트윈으로 구현하여 획기적으로 원가를 절감하고 품질을 향상시키고 있다. 특히, 공장 생산성에 있어 근력에 해당되는 로봇의 핵심 부품인 정밀 감속기, 제어 장치, 고성능 구동 장치 등도 직접 생산하고 있다. 독일 암베르그에 위치한 디지털 공장은 아직까지 제한된 일부 제품 영역이지만 '불량률 제로 Zero'를 달성하였고 그 성공 사례를 바탕으로 디지털 공장 플랫폼을 확장하고 있다. 아직 파트너사 수 측면에서는 GE에 한참 못 미치지만 빠르게 추격 중이다. 현재 100개가 넘는 기업이 지멘스와의 파트너십을 고려 중이고 곧 GE를 따라잡을 수 있을 것으로 보인다. 그렇게 되면 산업 생태계를 선점할 수 있는 기술 표준화에서 또 한 번 부딪칠 것으로 보인다.

　국내에서는 포스코가 가장 먼저 4차 산업혁명에서 요구하는 스마트 팩토리의 개념을 정립하여 추진 중에 있다. 포스코가 말하고 있는 스마트 팩토리란, 공장 설비 및 장치에 설치된 IoT 센서를 통해 데이터를 실시간으로 수집하고, 빅데이터와 인공지능을 기반으로 제품의 상태를 실시간으로 진단하고 컨트롤하며, 안정적인 조업 환경을 유지하고 설비 수명도 예지 관리할 수 있는 공장을 의미한다.

2013년 초 스마트 팩토리를 구축하겠다고 기획을 할 때 당시 포스코는 4차 산업혁명을 리딩하고 있는 글로벌 회사의 사상과 철학을 공부하고 철저히 분석하였다. 그 결과 GE가 플랫폼부터 만들어 우선적으로 생태계를 선점하겠다는 전략과, 지멘스의 디지털 공장에 녹아 있는 핵심 기술과 실행력을 배워야겠다고 판단하였다. 이후 포스코는 4차 산업혁명을 견인한 미래형 제조 산업인 스마트 팩토리의 Big Picture를 제시하고 구체적으로 포항, 광양의 제조 현장을 디지털화하려는 시나리오 플랜을 세웠다. 일반적으로 제철소는 원료부터 제품까지 일렬로 연결되어 후공정은 선공정의 절대적 영향을 받을 수 밖에 없는 Pipeline Process 생산 구조이다. 따라서 공정 간의 결함, 지연 등의 영향을 최소화하기 위해서 모든 설비와 장치 정보를 데이터로 관리할 수 있는 체계와 시스템을 구축한다는 첫 번째 시나리오를 세웠다. 다음으로 이렇게 구축한 새로운 판 위에서 작업자의 개입과 판단을 인공지능 기술로 대체하여 제품 품질과 설비 이상 분석부터 계측 장치들에 대한 컨트롤까지 완전 자동화를 구현하기 위한 두 번째 시나리오 플랜을 세웠다. 구체적인 모델을 만들기 위해 공장에 설비와 설비 간, IoT 센서들 간에 모든 연결을 가정하고 엄청난 데이터를 분석하여 의미 있는 결과를 만들어 낼 수 있는 시뮬레이션을 수차례 진행하였다. 이 작업은 글로벌 IT

벤더사들의 도움을 받아 POSCO ICT와 함께 수행하였다. 이후 본격적인 프로젝트로 진행하여 완성한 플랫폼이 바로 PosFrame_{Posco + Frame}이다.

PosFrame은 4차 산업혁명 제조 산업을 리딩하기 위한 3가지 기술 전략이 담겨 있다. 첫 번째로 산업 현장을 스마트하게 측정 및 수집 Sensing하겠는 것이다. 예를 들어 현재 제철소 현장에서 대푯값 중심으로 설비에서 발생하는 마이크로 데이터 중 10% 미만 밖에 활용하지 못하지만 앞으로는 10만 종 규모의 데이터를 모두 수집할 것이다. 또한, 그동안 활용하지 못했던 영상, 이미지 등 비정형 정보까지 PosFrame에서 처리할 수 있도록 표준화하여 수용할 것이다. 두 번째로 Intelligent한 분석으로 기술과 사람과 통계의 융합 모델을 만들려 한다. 우선 경영 관점에서 생산, 품질, 설비의 매크로 데이터와 조업 관점에서 실시간으로 발생하는 마이크로 데이터를 연결한다. 다음으로 이렇게 모아진 빅데이터를 통계적 기법과 인공지능 알고리즘을 활용하여 예측 모델을 만든다. 마지막으로 예측 결과를 사람이 직접 반영하지 않고도 자율적 제어가 가능한 환경으로 진화시킨다는 것이다. 이러한 PosFrame을 통한 생태계가 마련되면 고객들은 PosFrame 위에서 구동되는 다양한 Apps를 자신들의 비즈니스 목적에 맞게 사용할 수 있다.

포스코는 지멘스가 디지털 공장을 확산했던 전략처럼 광양제철소 내 '스마트 팩토리' 시범 공장의 성공 모델을 광양과 포항제철소 전체로 확산 중에 있다. 또한 그룹사를 대상으로 PosFrame기반의 에너지와 건설 솔루션을 개발하여 적용하고 있다. 이후 이러한 스마트 모델을 Apps로 상용화하여 2018년 이후부터는 고객에게 제공할 예정이다. 포스코 스마트 팩토리의 엔진에 해당되는 PosFrame은 GE의 프레딕스나 지멘스의 마인드스피어와 비교할 때 성능과 기능 면에서 결코 뒤지지 않는다. 오히려 철강 산업처럼 필수적인 고속의 그리고 연속된 공정에서의 빅데이터 수집 및 처리 기술까지 확보하고 있어, 머지않아 4차 산업혁명의 글로벌 리딩 그룹에 들어갈 수 있을 것으로 기대하고 있다.

포스코는 문제를 만들어 내는 기업으로 변신 중

CHAPTER 5

누구보다
문제를 잘 풀던 회사의
새로운 고민

01 >>>> 새로운 판을 만들기 시작

　그동안 포스코는 혁신을 통해 근육을 키워온 기업으로 유명하다. 세계적인 철강 전문 분석기관 WSD World Steel Dynamics는 포스코를 7년 연속 세계 철강 경쟁력 1위로 꼽았다. 그 경쟁력의 근간은 POSPIA라고 부르는 포스코만의 고유한 혁신 프레임이 있다. 포스코POSCO와 이상적인 모습을 뜻하는 유토피아UTOPIA가 합쳐진 의미이다. 1990년대 초반까지 포스코는 국내 철강시장의 독점적 지위권을 누리고 매출이나 이익 측면에서도 연 10% 이상의 성장을 누리고 있었다. 하지만 후반기에는 동남아시아로부터 시작되어 우리나라에도 커다란 영향을 미친 외환위기, 정부 정책의 변화로 인한 민영화 추진, 거대 시장이며 경쟁자로 부각하는 중국의 성장이 있었다. 따라서 포스코는 급격하게 변화하는 외부 환경에 보다 유연하게 적응하기 위해서 거대한 기업 조직을 유연하고 유기적인 조직으로 혁신할 필요성을 절감하게 되었다. 그 혁신의 도구로 3차 산업혁명의 핵심 기술인 정보통신 기술IT을 택하였다. 아마 이러한 선택과 결과가 지금의 4차 산업혁명을 남들보다 신속하고 탄탄하게 준비할 수 있는 원동력이 되지 않았나 생각한다.

1998년 전사의 재무 시스템을 통합화 및 자동화하기 위한 PI Process Innovation 1기를 시작하였다. 세계적인 데이터베이스 회사인 Oracle 사, PWC 컨설팅사와 함께 약 1,000여 명이 프로젝트 인원으로 참가하였다. 당시 단일 프로젝트로는 국내 최대 규모였다. 시장은 과연 포스코가 IT 정보통신 기술을 이용하여 정보화 혁신을 성공적으로 이룰 수 있을지 많은 관심을 보였다. 2001년 6월까지 30개월이라는 짧은 기간 동안 ERP Enterprise Resource Planning, SCM Supply Chain Management 등 64개 시스템을 성공적으로 구축 및 자동화하여 성공적으로 프로젝트를 마쳤다. 새로 구축된 POSPIA 1기 시스템을 통해 데이터 처리 능력이 일반 가전 및 자동차 등 조립 산업 평균치보다 최대 500배 능가하는 성과를 거뒀다. 이후 2002년 제철소 생산 관리 시스템인 MES Manufacturing Execution System 의 통합 자동화를 위해 PI 2기를 추진하였고, 결과는 기존대비 18배 이상의 생산성 향상을 가져다 주었다. PI 1기 2기의 성공을 기반으로 포스코는 고유의 혁신 노하우와 자신감을 가지게 되었다.

2012년부터 2013년까지 PI 3기를 추진하였다. 3기의 핵심은 포스코 국외 생산 및 가공 공장의 생산 계획부터 판매까지를 본사에서 통합 관리할 수 있는 체계를 만들어 전사의 생산성을 향상시키는 것과, 포스코 내부에서는 스마트 워크 Smart Work 라고 하는 일하는 방식의 혁신을 추진하는 것이었다. 나는 3기가 시작되기 이전인 2009

년에 입사하여 기존 PI 1기, 2기의 진단부터 새로운 PI를 추진해가는 전체 과정을 몸소 경험할 수 있는 기회를 가졌다. PI 3기와 기존 1기, 2기와의 공통점은 CEO가 강하게 드라이브하여 혁신을 추진했다는 것이다. 물론 반대도 엄청 심했던 것으로 알고 있다. 특히 PI 1기 당시 상당수 경영층들은 포스코가 생산할 수 있는 최대 조강 쇳물 생산량인 연 300만 톤이고 이는 어떠한 방식으로도 극복할 수 없다고 CEO를 설득했다고 한다. 하지만 CEO의 끈질긴 의지와 강력한 스폰서십 sponsorship 을 바탕으로 혁신은 진행되었고, 이후부터는 그동안 반대했던 사람 상당수가 프로젝트가 성공하기 위한 방향으로 누구보다 앞장섰다고 한다. 하지만 끝까지 혁신을 의심했던 임원들은 최대 위기라 생각하고 끝내 회사를 나갔다고 한다. 약 18년이 지난 지금 포스코는 연 3,600만 톤이라는 세계 조강 생산량 4위의 위업을 달성하고 있다. 이는 혁신의 과정을 통해 전사가 머리를 맞대어 힘든 문제를 풀기 위한 진정한 노력이 있었기에 가능했다고 생각한다.

또한, 올바른 방향의 전략을 수립하기 위해서는 새로운 가치를 만들어 내기 위한 창의적인 생각과 아이디어를 중요시하는 사람 Value Creator 과 자신이 그동안 쌓아온 신념을 바탕으로 일궈 놓은 기업의 가치를 가장 중요시하고 지키려고 하는 사람 Value Keeper 간에 충동을 반복하며 최종 합의점에 도달하는 과정이 필요하다는 것을 잘 보여주는 예라 하겠다.

기존과 PI 3기가 가장 크게 다른 점은 포스코가 그동안 문제를 풀던 기업에서 문제를 만들어 내는 기업으로 변했다는 것이다. 이 점이 상당히 중요하다. PI 2기까지는 ERP, MES 등 글로벌 스탠다드 솔루션을 포스코에 적용하기 위한 노력을 했던 시기였다. 즉, 우리와 유사한 업종의 글로벌 선진 기업들이 했던 것과 같은 수준의 비즈니스 목표를 정의하고 그것을 실현하기 위해 시스템을 구축하는 과정의 연속이었다.

하지만 3기의 스마트 워크부터는 달랐다. 우리가 미래 모습을 스스로 그려 내야 하는 상황이 온 것이다. 내가 경력직으로 입사했을 때는 PI 2기 이후 10여 년이 지난 동안의 우리의 변화를 측정하고 그 성과를 진단하려 준비하던 시기였다. 조직에서는 내가 신입사원이 아니기에 입사 전에 가지고 있던 IT 역량과 MBA 지식을 활용하여 PI 시스템을 의미 있게 진단해 주길 요구하고 있었다. 처음에 나는 자신 있었다. 아니 지금 생각하면 자만심이었던 것 같다. 회의에 들어가서도 최신 트렌드를 언급하며 이에 맞지 않는 현 시스템의 문제점을 신랄하게 비판했던 기억이 난다. 하지만 얼마 후 나는 조직에서 점점 소외됨을 느꼈고 누구도 나와 함께 같이 일하려 들지 않았다. 심지어는 상사에게 보고할 때마다 깨지기 일쑤였다. 처음에는 보고서를 작성하는 데 있어 표현의 문제로 생각했으나 결국 대안 없이 문제만 지적하고 더군다나 기초적인 비즈니스도 몰랐던 것이 나의 가장 큰 원인이라는 것을 알게 됐다. 그래서 나는 먼저 철강 도메인을 이해해야 하였다. 쉬운 일이 아니었다. 제철소 업무를 관련 문서로만 이해하는 것은 분명 한계가 있었고, 그래서 매일 궁

금한 사항들을 정리해서 선배들을 찾아다니며 물어보기로 하였다. 하지만 다들 바쁜 사람들이 나를 위해 특별히 한두 시간씩 시간을 내줄리가 없었다. 그래서 나는 그들과 소통이 먼저 형성되어야 한다고 생각하였다. 시간이 날 때마다 커피를 사들고 조업, 마케팅, 구매 등 전문가들 옆자리에 가서 개인적인 얘기를 나누는 것을 시작으로, 저녁에는 맥주도 같이 마시며 친해지기 시작하였다. 그렇게 되면서 하나둘씩 자신의 업무에 대해 나를 이해시켜 주려 하였다. 딱딱한 제철소나 마케팅 업무 문서를 전문가들로부터 관련 스토리를 먼저 들은 후에 읽어 보니 한결 이해하기 쉬웠다. 탄력이 붙은 나는 혼자서도 업무를 기획할 수 있는 힘이 생겼고 이후 PI 3기의 28개 영역별 Big Picture 중 마케팅 판매 부분은 직접 맡을 수 있는 기회를 얻었다. 현장에서 영업사원들의 판매 활동부터 고객의 모든 요구사항을 즉시에 본사와의 협업을 통해 대응할 수 있는 전략을 수립하고, 모바일을 활용한 시스템을 성공적으로 구축한 성과를 내었다. 하지만 그것보다 지금도 마케팅 직원들이 내가 당시에 직접 작명하고 구축한 시스템 이름을 부르며 열심히 업무에 활용하고 있는 모습을 볼 때 더욱 뿌듯한 마음이 드는 건 사실이다.

어느 기업이든 집단주의와 집단 지성을 같이 가지고 있다. 그래서 기업 문화에 따라 시너지를 낼 수 있는 집단 지성이 발휘되기도 하고 성과를 내지 못하는 집단주의로 빠지기도 한다. 포스코는 주인이 없는 기업이라는 인식으로 인해 누구나 CEO의 꿈을 꾸고 있는 것이 사실이다. 그러다 보니 집단 지성에 필요한 협업과 소통의 필요성을 잘 알고 기회가 올 때면 과감하게 열정을 쏟아붓는다. PI 3기 역시 포스코의 집단 지성으로 만들어진 전략이었고, 어떻게 수립했는지를 알게 되면 4차 산업혁명이라는 도전과 변화의 시대에서 살아남는 기업의 문제 정의와 해결 방법이 어떠한 것인지 좀 더 잘 이해할 수 있을 것이다. 다시 한번 강조하지만 4차 산업혁명 시대에서는 기존의 문제를 푸는 방식만 알던 기업은 도태될 것이다. 왜냐하면, 판이 바뀌고 있기 때문이다. 기존에 우리가 알고 있던 상식과 공식은 더 이상 통하지 않을 것이다. 따라서 새로운 판을 가정하고 그 안에서 새로운 문제를 만들어 내고 정의하는 능력이 중요할 수밖에 없다.

미래 지향적인 시나리오 기반의 Big Picture

포스코는 PI 3기 시기부터 더 이상 다른 회사를 벤치마킹하는 것이 무의미하다는 것을 알게 되었다. 왜냐하면, 2012년 당시 포스코가 생각하던 철강 제조업의 새로운 판을 제시해 줄 수 있는 회사는 어디에도 없었을 뿐만 아니라, 설사 있었다 해도 그 새로운 판은 포스코의 것이 아니기에 새로운 문제를 정의하기에 한계가 분명히 보였기 때문이다. 그래서 포스코는 문제를 만들어 내고 정의하기 위해 회사가 나아갈 새로운 Big Picture를 그려야 했다. 어느 때보다 시나리오 기반의 기획력이 필요한 시점이었다.

시나리오는 현재의 문제점 Big Why 을 시작으로 의식 있는 의사 결정을 지속적으로 연결하여 새로운 미래 목적지를 만드는 과정이다. 특히 요즘과 같이 불확실한 앞날을 예측하고 인식하기 위해서는 미래 지향적인 시나리오를 통해 현재 우리가 올라타고 있는 판에 대한 시각을 스스로 바꿀 수 있어야 한다. 시나리오의 결과물은 정확한 미래 모습이 아니라 미래에 대한 좀 더 나은 의사 결정이라는 사실을 알아야 한다. 이러한 의사 결정이 회사의 방향과 일치하도록 전략적으로 접근하는 기술을 시나리오 기반의 기획력이라 우리는 부른다. 여기서 전략적 접근에는 두 가지 종류가 있다. 경영 환경 변화가 이미 일어난 후 어쩔 수 없이 대응하기 위해서 추진하는 전략을 방어적 전략Defensive Strategy이라고 하고, 경영 환경 변화를 예측하고 미리 수립하는 전략을 능동적 전략Active Strategy이라고 한다. PI 3기 때부터는 미래 지향적인 시나리오가 필요했고 따라서 능동적 전략을 세워야만 했다. 이때 기획의 역할은 방향 수립 단계에서 분야별 전문가들이 적극적으로 참여하고 그들의 집단지성을 활용한 다양한 미래 예측과 이에 대한 반복적인 반추를 일관성 있는 프레임 안에서 이루어지도록 하는 것이었다. 즉, 회사의 중장기 전략을 따르고 기존에 가보지 않은 새로운 길을 만들되 전문가들의 훈련된 문제의식을 바탕으로 회사가 겪고 있는 작지만 중요한 불편 사항부터 현재로서는 해결이 불가능한 모든 일에 대한 Big Why를 끌어내야 했다. 주어진 시간이 많지 않은 상황에서 나는 PI 1, 2기에 참여했던 현장 전문가들과 함께 포스코의 미래 일하는 모습을 기획하는 데 함께 참여하였다.

우선 Big Picture 구성을 위해 마케팅, 조업, 구매 등 영역별로 현재의 문제점들을 조사하고 그룹핑하여 Big Why로 만드는 작업을 시작하였다. 약 일주일 간격으로 임원 주재로 다 함께 모여 기획한 것을 발표하였다. 이는 각자의 주장과 근거가 완벽하지 않기 때문에 서로 비판도 하고 의견도 공유하면서 예측을 어느 정도 통제하고 각자 생각의 틀을 만드는 시간을 필요로 했기 때문이다. 그리고 다시 흩어질 때는 다음 작업에 어떤 방향으로 보강할 지 사전에 공유하고 코치 받는 것도 잊지 않았다. 이렇듯 틀을 만들어가며 회의를 진행하면 할수록 상대방의 분야에 관해서 어느 정도 파악할 수 있게 되었고, 이후 어느 시점부터는 세부적인 내용보다는 상호 큰 틀 간에 연결에 관한 얘기들이 오고 갔다. 그러면서 각자의 틀이 큰 그림으로 합쳐지게 되었다. 단, 이러한 반복 작업은 1개월이라는 목표를 두고 진행하였다.

분야별 Big Picture를 수립할 때 회사의 전략과 연계하기 위해서는 최근에 수정과 보완이된 중장기 전략 방향을 분석하는 것이 필요하였다. 나의 경우 회사 내 경영전략부서에 의뢰해서 관련 자료를 주로받았다. 이러한 중장기 전략과 경영층의 VOB^{Voice of Business}를 찾아서 회사의 생각을 먼저 파악하였다. 예를 들어 당시 수집된 경영층 VOB 중 대표적인 고민은 다음과 같다.

- 제철소에서 현재 진행 중인 1,000여 개의 크고 작은 프로젝트들의 예상 성과를 검토한 결과 ROI가 나오지 않는 것이 70~80%임, 따라서 기존 프레임의 고착화가 심각한 문제임.
- 우리가 신소재를 개발한 후 바로 시뮬레이션하고 테스트할 수 있는 엔지니어링 및 설비 기술을 확보해야 함.
- 국외 법인들이 로컬 시장에서 자신들만의 판매 계획을 가지고 각자 대응한다면 앞으로의 저성장과 불확실한 시장 변화에 대응하지 못할 것임. 따라서 본사 차원의 통합 판매생산 관리와 지원 체계가 필요함.

| 회사 중장기 전략 분석 과정 |

전략 자료 분석
- 최근 전략 자료의 분석을 통한 현황 검토
  - 연간 실행 계획
  - POSPIA 진단 결과
  - Vision 2020 전략 (중장기)
  - 패밀리사 전략 자료 등

담당자와의 인터뷰 및 Workshop 실시로 보완

경영층 VOB 청취
- 사전 질의서
  - 공통 및 별개의 테마로 구분된 질의서로 상세하게 사전 목록화
- 경영층 VOB 청취
  - 핵심 현안 및 경영층의 니즈파악
    - 미래 핵심역량요소 VOB 청취
    - 영역별 현재 주요 ISSUE
    - Key Requirmenet 청취

시사점 도출
- 수용성 제고를 위한 시사점 도출
  - 부문별 전략과 경영층 VOB 청취 결과를 POSPIA 3.0에 수용하기 위한 시사점을 도출
- POSPIA 진단 결과 검토서
- 경영층 VOB 청취 결과서

이 과정이 끝나면 다음으로 IT 시장 기술 트렌드를 조사하였다. 주로 글로벌 리서치 기관인 가트너Gartner나 포레스터Forester를 이용하고 필요 시 온라인 정보를 수집하여 중요한 키워드들을 정리하였다. 그러면 기술 시장 트렌드를 어느 정도 볼 수 있었다. 마지막으로 영역별로 현상과 문제점을 분석한 내용과 회사 전략과의 연계 그리고 기술 트렌드를 엮어 Big Why를 만들었다. 당시 시간적, 공간적 관점에서의 Why를 도출한 예는 다음과 같다.

1. 시기적으로 볼 때 PI 2기 이후 10년이 지나 글로벌 판매-생산 본격화, 철강업 경쟁 심화, 고객사/품종의 급격한 증가 등 불확

실성과 복잡성이 증대되어 미래를 위한 새로운 변화 동인이 필요하다.

2. 내부 사정은 제철소 내 신규 제품 품종의 생산 수용 불가, 즉 새로운 데이터 항목의 추가하는데 한계가 있고, PI 추진 시에 도입한 ERP 기능의 제약으로 원가/수익성 정보가 미흡하다. 따라서 고객 주문관리 기준 등 공급자 중심의 SCM 체계를 극복하기 위해서는 부분적인 개선이 아닌 전사적 관점에서의 프로세스/시스템 전면 재구축이 필요하다.

Big Why로부터 새롭게 정의한 PI 3기의 Big Picture 모습은 업Business, 장Place, 동Work, 인People의 관점에서 새로운 경영 패러다임이었다. 즉, 고객과 시장 변화에 유연한 업무수행 체계로 전환하고 Business: One POSCO Group 글로벌 오퍼레이션 체계가 완벽하게 준비되어 고객, 공급사, 외주 파트너와의 협업과 상생을 강화한다.Place: Global SCM Strategy 이와 함께 포스코와 그룹사 간의 협업, 공유, 창의의 사무 환경을 완성하고 어떠한 업무 변화에도 신속히 대응하기 위해 스마트 정보 시스템으로 전환Work, People: Smart Workplace한다는 것이었다. 이를 중심으로 5개 영역별 전체 28개의 세부 시나리오를 수립하였다. 몇가지 예를 살펴보면 다음과 같다.

1. 경쟁사 대비 3배 이상 신속한 시장 변화 대응 체계를 확보한다.
  – 원료 가격, 고객 수요 변화 등 급변하는 경영 환경에 신속히 대

응하기 위해 경영 계획 주기를 분기에서 월로 단축한다. 월별로 수요 예측부터 판매 및 생산 계획까지 전체 계획 업무를 롤링함으로써 글로벌 Top 수준의 경영 스피드를 확보한다.

2. 고객 중심으로 모든 서비스와 품질 체계를 맞춘다.

- 고객 문의와 품질 요구에 대한 신속한 응답 체계를 구축하여 고객 대응 업무를 빠르게 처리할 수 있는 프로세스를 구축한다. 특히 영업사원이 현장에서 고객 대응 업무를 완결할 수 있도록 모바일 등 신기술을 적극 활용하여 이동과 소통의 낭비를 획기적으로 줄인다. 또한, 단순 고객 대응뿐만 아니라 고객에게 새로운 사업 기회와 서비스를 먼저 제안하는 고객 선 제안 활동을 빅데이터 기술을 활용하여 효과적으로 수행한다.

3. SCM을 획기적으로 혁신하여 제품 생산원가 경쟁력을 시장 최고 수준으로 끌어올린다.

- 기존 원가 체계를 더욱 세분화하여 포항 및 광양제철소 단위에서 열연, 냉연 등 공장 단위로 원가관리 체계를 개선하여 그 동안 고질적인 저수익 구조를 획기적으로 탈피할 수 있는 기반을 마련한다.

이렇게 혁신의 첫 단계인 Big Picture를 수립한다는 것은 회사가 앞으로 나가려는 새로운 판의 모습을 전 직원에게 알려주고 변화된 환경에서 일하게 되면 지금보다 훨씬 편리하고 생산적인 환경이 될

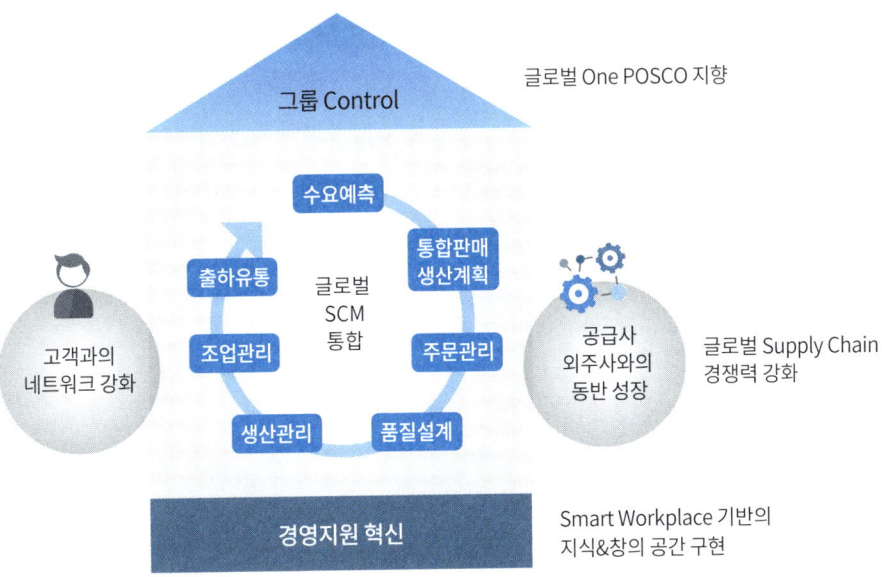

| POSPIA 3.0 Big Picture 개념도 |

것이라는 확신을 주는 과정이라 할 수 있다. 이러한 과정 중에 Big Picture를 개념적으로 시각화하여 '변화 관리'를 수행함으로써 직원들과 공감대를 형성할 수 있다. 이때 변화 관리란 조직의 현재 상태에서 나아가고자 하는 바람직한 미래 상태로 신속하고 효과적으로 갈 수 있도록 변화 과정을 체계적으로 관리하는 것을 말한다. 조직과 개인으로 하여금 변화의 수용 능력을 향상시켜 궁극적인 변화를 성취하도록 하는 다양한 활동이 수반된다. 변화 관리를 위해서는 Big Picture의 각 시나리오별로 아이덴티티Identity화 하는 것이 필요하다. 이때 As-Is현 수준와 To-Be기대 수준의 변화 모습으로 표현하는

것이 효과적이다. As-Is 모습의 경우 우리 조직의 경쟁력 실태나 해당 시장 내 포지션 또는 기술적 동향이나 실적 등을 분석하여 해당 시나리오의 현재 상황을 강조한다. 특히 분석을 기초로 가까운 미래에 직면할 위기 가능성 또는 시기가 적절하고 도저히 놓칠 수 없는 기회라는 긴장감을 조성할 수 있는 사례를 포함하는 것이 좋다. To-Be 모습은 현상과 문제에 대한 해결 방안으로 모든 것들이 어디로 향하고 있는가를 분명하고 설득력 있는 비전으로 제시하는 것이 중요하다. 이때 비전은 회사의 전략이 담겨져 있어야 하고 고무적이고 새로운 변화에 따른 거부감을 상쇄할 수 있는 매력을 지니고 있어야 한다. 또한, 간단하고 명료한 문구로 실천 전략이 포함되는 것이 중요하다.

하지만 변화 관리 모습을 아무리 잘 만들었다 하더라도 받아들이는 직원들의 참여와 공감이 없으면 아무 의미가 없다. 세계적인 경영전략가인 게리 하멜은 다가올 미래에 가장 큰 변화는 변화의 속도 그 자체라고 주장하였다. 이러한 속도를 대처하는 유일한 방법으로 전 직원의 창의를 기반으로 한 경영 모델과 이러한 모델을 직원들이 스스로 참여할 때 성공할 수 있다고 강조하였다. PI 3기의 역시 Big Picture가 구체적으로 형상화된 후 직원들이 스스로 참여할 수 있도록 변화시키는 활동에 노력하였다.

이를 위해 경영진, 프로젝트 참여자, 관련 비즈니스 부서, 최종 사용자별로 나누어 각자의 위치에서 요구하는 회사의 바람과 역할에 관한 커뮤니케이션 및 교육을 지속적으로 진행하였다. 특히 프로젝트 참여자를 대상으로 진행한 간담회에서는 CEO가 직접 참여하여 이제 포스코는 과거의 패러다임에서 벗어나 새로운 변혁이 필요하다는 메시지를 전달함으로써 회사의 확고한 의지를 전달하였다. 관련 임원들도 적극적으로 Big Picture 메신저 역할로 참여하여 각종 간담회 및 행사에서 포스코의 새로운 모습을 적극 알리고 참여를 유도하기 위해 노력하였다.

미래 경쟁력을 프레임화 하라

다음으로 필요한 단계가 미래 지향적인 시나리오로 구성된 Big Picture를 구현하기 위해 필요한 핵심 경쟁력을 정의하는 것이다. 불확실한 시장 환경에서 우리가 가장 잘할 수 있으면서도 고유의 경쟁 우위를 창출할 수 있는 부문을 스스로 정의하는 것이 필요하였다. 이를 위해 먼저 글로벌 CEO들이 생각하고 있는 기업의 경쟁력을 참고하였다. IBM의 CEO Survey 자료를 입수하여 60개국 33개 산업, 1,547명의 CEO들의 생각을 정리하였는데, 3가지로 정의할 수 있었다. 우선, 고객 관계의 재설정이 필요하다는 것이다. 기존에 거래상의 요구 사항을 대응하는 모습에서 이제는 고객과 공동의 가치를 창출하는 것으로 확대될 것이라 설명하였다. 지금 공유 경제 개념이 본격적으로 전개되고 있는 모습을 보면 당시에 그들의 생각이 맞았다고 본다. 다음으로 창조적 리더십이 필요하다는 점이다. 제품, 기술 경쟁력 중심으로 리더십을 발휘했다고 한다면 앞으로는 인적 요소에 대한 혁신도 포함하여 리더 및 구성원의 리스크와 협업에도 크게 기여할 수 있는 리더십이 필요하다는 것이다. 마지막으로 기업의 운영에 어느 때보다 능숙해야 한다고 강조하였다. 기존에는 기업을 운영하는 데 있어 비부가가치적인 활동을 제거하는 것과 업무 처리 속도의 효율을 극대화하는 것이 가장 중요하였다. 하지만 앞으로는 이와 더불어 급변하는 업무 환경과 복잡성에 대응하여 기업의 운영 체계 자체를 유연하고 신속하게 대응할 수 있는 민첩성Agility이 필요하다는 것이다. 세계적인 IT 리서치 기관인 가트너Gartner도 2013년도 바이모달Bimodal을 발표하였다. 앞으로 기업의 생존을 위해서는 두 가지 모드를 항상 균형적으로 가져가야 한다는 개념이다. 모드mode 1인 본업의 일상적인 운영 업무는 기본적으로 잘해야 하고 이와 더불어 모드mode 2인 급변하는 시장에서의 유연성도 함께 가지고 가며 필요시 신속한 내부 변화를 시키고 대응할 수 있어야 한다고 강조하였다. 현재 바이모달 개념은 대부분의 기업 CIO들이 그 중요성을 인지하고 자신 내부의 전략 경쟁력에 녹여서 추진하고 있다.

포스코 역시 글로벌 기업들이 생각하고 있는 미래핵심 경쟁력을 가지고 회사의 상황에 맞게 다시 정의하는 과정을 진행하였다. 포스코만의 프레임을 만드는 것이다. 먼저 PI 3기 프로젝트 사무국의 분과별 팀 리더들의 의견을 수렴하였다. 재무, 원가, 생산 등 전문 역량을 갖춘 실무 대표자를 대상으로 글로벌 기업들의 미래 핵심 경쟁력을 어떻게 생각하는지, 그리고 우리 식으로 어떻게 바꿔야 할지에 관해 함께 고민하고 토론하는 시간을 가졌다. 1차로 만들어진 사무국

의견을 가지고 프로젝트 전담 요원을 포함한 60여 명의 프로젝트 인원들이 5차에 걸쳐 외부 워크숍을 진행하였다. 내부에서 진행하다 보면 다른 일 때문에 중간에 나가는 인원들도 생기고 무엇보다 대부분 집중력이 떨어져 원하는 성과를 내기가 힘들었다.

포스코만의 집단지성의 활동을 통해 Level 1_{3개}과 Level 2_{10개} 그리고 Level 3_{32개}인 총 45개의 포스코의 미래 핵심 경쟁력으로 구체화되었다. 예를 들어 Level 1 중에 하나인 '포스코 고객 관계 재설정'은 고객 범위, 고객 가치, 가치 전달이라는 3개의 Level 2로 구성되어 있다. 각각의 정의는 전략적 관계 관리 역량, Eco-system 공동가치 창출 역량, Market Driven Supply Chain 운영 역량을 갖추는 것이다. 마지막으로 Level 3에서는 고객/시장과의 소통 채널 확장 운영 역량, 폭발적 정보의 선별 역량, 다양한 분석/조합을 통한 통찰_{Insight}화 능력, 고객 맞춤형 서비스 제공 역량 등 Level2 각각에 구체적으로 어떠한 역량이 필요한지에 관해 정의하고 있다.

미래 핵심 경쟁력이 결정이 된 후에는 구체적인 실행 방향을 수립한다. 우리는 핵심 경쟁력을 바탕으로 총 7개 테마를 정하고 각각에 대한 As-Is, To-Be 모습을 제시하였다. 그중 하나인 포스코 물류 체계의 미래 변화 방향을 보면, 당시 회사의 모습_{As-Is}은 포스코, 포스코 해외 법인, 그룹사가 각자의 물류 체계로 운영하고 있었고 전체적으로 출하 이후 물류 진행에 대한 가시성이 확보되지 못하였다. 즉, 생산 → 제품 창고 입고 → 출하 지시까지는 통합 전산화가 되어 가시성이 확보되어 있었으나 출하 이후 → 운송 → 물류 창고

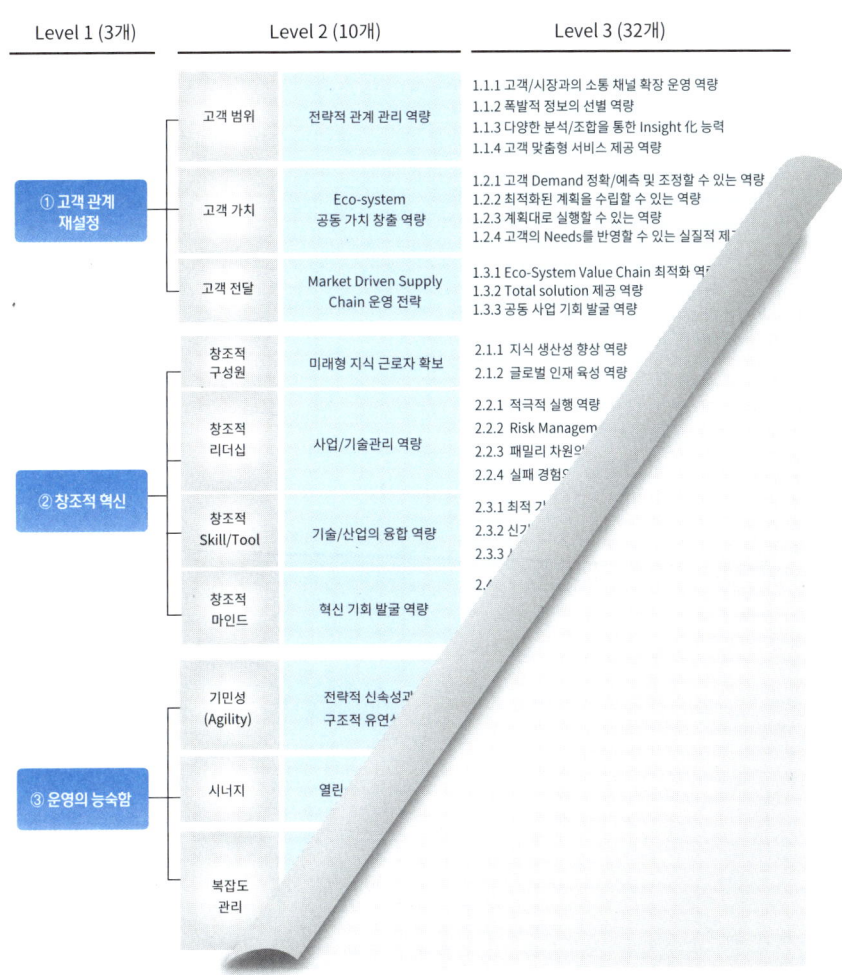

| POSPIA 3기 미래 핵심 경쟁력 |

입고 → 최종 고객사 입고까지는 각각의 독립적 시스템으로 운영함으로써 통합 관리 및 가시성이 확보 되지 못하였다. 또한, 고객의 클레임이나 조회 요청 시 신속한 대응 체계가 부재했다. 따라서 이를

해결할 수 있는 To-Be 모습을 제시하였다. 앞으로는 글로벌 물류 네트워크상의 모든 재고 현황을 실시간으로 파악하여 고객의 납기 요청이나 제품 품질 문제에 신속히 대응하여 고객에게 이전에 겪지 못했던 새로운 가치를 제공하겠다는 것이다. 이를 위해 운송 트렉킹의 실시간 모니터링 체계 구축, 글로벌 재고 관리 시스템 구축, 긴급 및 예외 상황 관리 체계 구축 등 6개의 실행 계획을 도출하여 프로젝트로 추진하였다.

| 글로벌 물류 통합 관리 AS-IS, TO-BE 예시 |

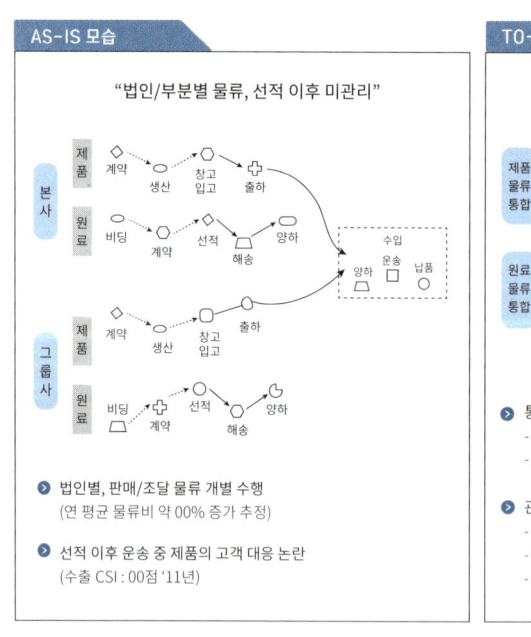
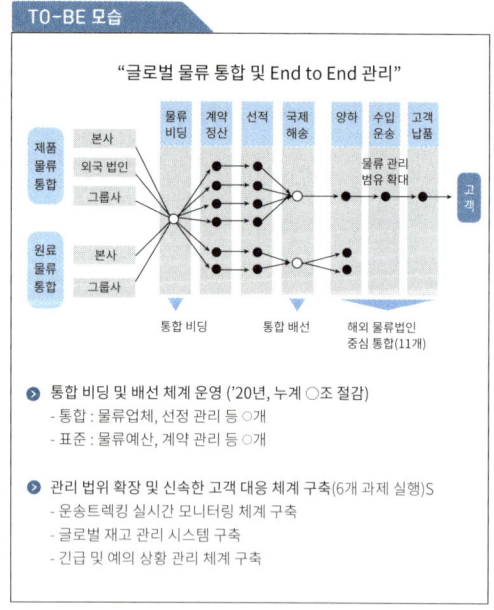

또 다른 예로 제품 품질과 관련한 To-Be 모습을 보면 앞으로 실시간 계측능력의 수준을 높임으로써 측정 가능한 모든 마이크로 데이터를 기반으로 불량 예측 및 판정의 정확도를 50% 향상하여 제품 전장의 품질을 보증하려 하였다. 지금 4차 산업혁명에서 요구하고 있는 빅데이터와 IoT의 개념을 그 당시에도 고민했을 뿐만 아니라 데이터가 새로운 비즈니스 가치를 만들어 낸다는 것을 이미 알고 있었다.

마지막으로 실행 방향을 프로젝트로 구현하기 위해 전문 조직을 구성함과 동시에 마케팅, 구매, 생산 등 관련 부서에 임원들을 Big Picture 오너로 정하여 전사적 참여를 유도하였다. 담당 오너의 역할은 첫째 7개 테마별 프로젝트를 발굴하고 추진하는 책임을 가지고 있었다. 이는 비즈니스를 담당하고 있는 부서가 현상 파악과 문제점을 가장 잘 알고 있기 때문이었다. 또한, 관련 데이터에 대한 모든 책임과 권한을 일임하였다. 새로운 프로세스 체계나 시스템이 구축되면 데이터의 기준과 유형이 변경되는데 이를 전사적 관점에서 표준화하고 관리하였다. 참고로 Big Picture 임원 오너십 부여 기준은 ① 임원 담당 업무와 Big Picture 테마 범위가 일치하는 경우 ② 범위 중 일부 상이한 경우, 전사 차원에서 중요하다고 판단될 때 ③ 기타 임원별 균등 배분 Big Picture의 지나친 집중방지 으로 정하여 운영하였다.

새로운 Big Picture를 세워 핵심 경쟁력을 도출하고 이에 대한 실행 방향을 정하고 추진하는 데 있어 무엇보다도 직원들의 실천 의

지가 가장 중요하다. 미래 환경을 분석하고 구체적인 실행 방향으로 도출한 다음 프로젝트 수행 단계에서는 반드시 도전적인 측정 지표로 수행 의지를 반영할 수 있어야 한다. 왜냐하면, 이러한 목표에 도달하려는 의지가 높으면 높을수록 회사가 추구하는 미래 모습에 더욱 가깝게 도달할 수 있기 때문이다. 목표 지표를 관리하는 방법도 새롭게 변화됐다. 이전까지는 설계부터 개발을 거쳐 테스트까지 차근차근 수행하여 최종에 가서 목표 지표의 달성 여부를 측정하는 단계적 접근 방법 Phase Approach 이었다. 그러나 PI 3기부터는 반복 Iteration 방식이라는 새로운 검증 방법을 도입하였다. 즉, 최종 지표를 총 4개의 작은 지표로 나누고 각 지표 단위로 설계, 개발, 테스트 과정을 독립적으로 관리한다. 예를 들어 예전에는 집을 지을 때 토목 공사부터 시작하여 차근차근 건축을 지어 올리는 방식에서 이제는 조립식 건축과 같이 거실, 안방, 부엌 등 집의 큰 구성 요소를 각각 짓고 난 다음 최종적으로 결합하고 연결하는 작업을 수행한다는 개념이다. 이는 프로젝트 개발 일정 및 발생할 수 있는 리스크를 최소화할 수 있는 장점을 가지고 있다.

  프로젝트의 관리는 회사 내 성과를 측정하는 부서가 별도로 있다. 이 부서에서는 전사에서 진행하는 프로젝트의 성과를 측정하고 개선 피드백을 전달하는 역할을 담당한다. PI 프로젝트도 그 부서의 심의를 거쳐 목표 지표에 대해 검증을 받아야 했다. PI 3기 초기에는 대부분 새로운 문제를 정의하고 실현하기 위한 프로젝트들이었기 때문에 예상 수익성을 측정하기 어렵고 비용 절감 산정 또한 쉽지 않았다. 상당수 프로젝트를 진행하는데 있어 성과를 측정하는 부서와 마찰이 적지 않았다. 일주일에도 몇 번씩 담당자들 미팅을 통해 회사의 모습이 어떻게 바뀔지에 대한 이해시켜야 했다. 결국 이러한 노력을 통해 '경영 스피드 혁신적 단축' 관련한 지표 48개, '제조 관리 수준 고도화' 관련한 지표 16개, '마케팅, 조업, 경영 데이터 표준화' 관련한 지표 12개를 계량화하여 관리 할 수 있게되었다.

04 >>>> 새로운 도전

포스코는 POSPIA라고 하는 제조 산업의 이상적인 모습을 PI 1기, 2기, 3기를 거치면서 시대적이고 미래 지향적인 경영과 기술의 결합된 형태로 진화 발전시켜 왔다. 즉, 포스코의 혁신 경쟁력과 IT 기술을 융합한 신규 수익 모델을 발굴하고 내재화하여 가치를 창출해 왔다. 하지만 포스코가 이렇게 자가 발전하는 동안 시장의 환경은 더욱 좋지 않았다. 세계 경기의 저성장이 지속되어 철강 제품 가격은 계속해서 하락하고 중국 철강재 수입 급증으로 인한 유통 시장은 혼란을 겪게 되었다. 당시 중소 철강기업은 생산성 향상을 위한 ERP, SCM과 같은 IT 솔루션 투자가 절실히 필요했으나 여력이 되지 않았다. 그렇다 보니 가격, 품질 경쟁력이 중국과 비슷해지거나 떨어지는 상황까지 오게 된 것이다. 2014년 당시 나는 중소기업과 상생을 목적으로 하는 정부 지원 동반 성장 프로그램을 담당하였다. 직접 기업 실사에도 참여했기 때문에 중소기업의 사정이 생각했던 것보다 더욱 심각했다는 것을 잘 알고 있었다.

포스코는 POSPIA 3기의 큰 전략을 바탕으로 새로운 시장 환경을 수용할 수 있는 전략이 필요하였다. 우리만 잘살기 위한 노력은 결국 얼마 가지 않아 모두가 실패할 수밖에 없다는 사실을 알게 된 것이다. 따라서 고객이 성공해야 우리도 성공할 수 있다는 고객 성공 전략을 수립하였다. 그동안 값싸고 품질이 높은 제품만을 팔던 전략에서 판매/생산 계획, 제품 설계 등 우리의 비즈니스 역량과 프로세스 운영 노하우까지 서비스화하여 고객에게 제공한다는 전략이다. 2014년 말에 발표한 이 전략은 철강 생태계에 우리의 기술과 노하우를 공유하고 협업하여 생태계에 참여한 기업들이 한층 더 업그레이드된 제품 생산 및 물류 환경에서 경제적 이익을 함께 누리자는 것이었다. 이러한 내용은 지금 포스코가 준비하고 있는 4차 산업혁명에 기본 철학과 사상 중의 하나가 되고 있다.

기존 제품에 새로운 서비스를 제공하는 방식은 크게 컨설팅과 기술 전수 방식으로 나누어진다. 우선 고객의 설비, 생산, 시스템 등의 현황을 진단하여 수준을 측정하고 해결 방안을 제시해 줄 수 있는 비즈니스 컨설팅 서비스다. 이를 위해 포스코가 20년 이상 혁신해 온 제품 라이프 사이클Lifecycle에서 제조 이력 관리 기법, 물류 최적화 방법 등 총 7개 핵심 업무를 컨설팅 영역으로 분류하여 서비스를 제공할 수 있도록 준비하였다. 또한, 고객에게 직접 컨설팅을 수행할 수 있는 인력을 양성하는 계획을 수립하였고, 이를 실행하기 위해 비즈니스와 IT 역량을 갖춘 인력을 중심으로 2020년까지 철강 컨설턴트를 120명 이상 확보할 예정이다. 두 번째 서비스 방식은 고객에게 맞는 IT 시스템을 구축부터 프로세스 운영까지 직접 설계 및 구축을 지원하는 것이다. 당시 현재 우리가 사용하고 있는 3가지의 기업용 시스템 ERP, SCM, MES 과 8개의 유닛 시스템 입고물류, 야드관리, 원료관리 등을 가볍고 소형화하여 고객에게 제공할 계획을 세웠다. 또한, 고객사가 운영에 관한 능력이 부족한 경우에는 구축 후에도 몇 달 동안 사후 운영을 책임지고 수행한다. 이는 사후 운영을 하면서 노하우를 직접 고객에게 전수하여 비즈니스를 운영하는 데 발생할 수 있는 문제가 최소화되도록 지원하기 위해서다. 이러한 고객 성공 전략은 이전에는 상상하기 힘든 판매 전략이었다. 왜냐하면, 우리의 운영 프로세스 및 IT 시스템 구성은 절대 대외로 나갈 수 없는 것이 원칙이었다. 하지만 이제는 시장에서 중소 고객사들은 어려운 경제적 상황으로 인해 하루가 멀다 하고 연쇄 부도의 영향을 받고 있고, 우리는 시장에서 중국 제품에 밀리는 상황에 직면한 이상 이제 우리만 생존하기 위한 전략은 의미가 없어졌다는 사실을 알게 됐고, 따라서 기존의 사고를 뒤엎지 않으면 안 되었다.

고객 성공 전략은 그동안 포스코 그룹사 간 비즈니스 협업이 지속적으로 강화되고 이로 인한 시너지 효과가 증대되고 있던 상황과 맞물려 더욱 강화된다. 포스코 그룹의 사업 구조는 크게 철강 사업에 필요한 설비, 소재, 생산, 가공, 판매 구조로 이루어져 있다. 설비부터 가공까지는 그룹사 내 이미 수직계열화되어 효과적인 분업 체계 및 높은 수익 구조를 가지고 있다. 또한, 포스코 대우와 P&S의 판매 채널 활용도 지속 증가하여 포스코 대우의 철강재 수출 점유율이 2011년 26%에서 2013년 34%까지 올라간다. 이러한 판매 채널의 증가와 더불어 기존 그룹사가 독자적으로 판매해 오던 채널과 동반 수주 전략을 추구하고 있다. 예를 들어 국외 제철소를 신규 구축하는 사업의 경우 철강 제품 및 생산 프로세스는 포스코와 켐텍, 엠텍 등이 담당하고 제철소 건설은 포스코 건설, 생산 및 조업 시스템은 포스코 ICT, 제품 조달 및 유통은 포스코 대우가 참여하였다. 자원 개발의 경우도 포스코 대우, 포스코 건설, 포스코 ICT가 협력하여 추진 중에 있다. 국외 고객의 비중은 매년 증가하여 포스코 수출의 경우 비중이 2011년 34%에서 2013년 46%로 증가하였다. 따라서 외국에 위치한 50여 개 철강 가공센터의 외국 고객 대응 전략이 어느 때보다 중요시되고 있다.

| 포스코 그룹사 사업 구조 특징 |

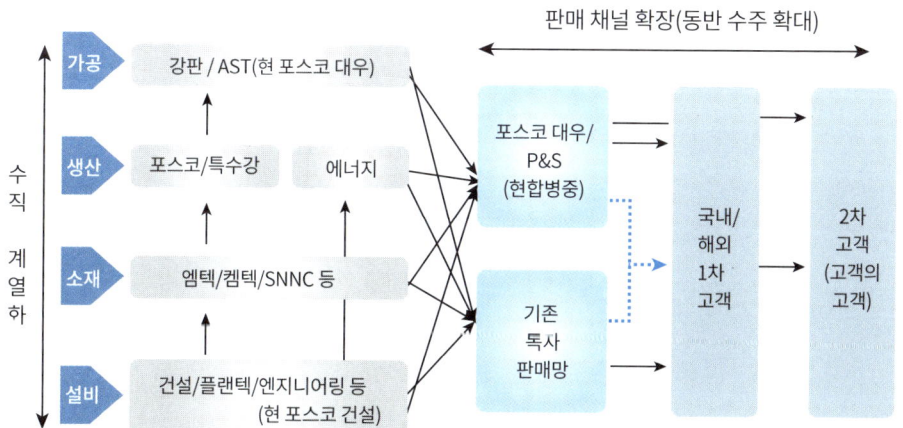

포스코 그룹 산업분석보고서, 한국기업평가, 2016.8

고객 성공 전략이 선순환 사업 구조가 되기 위해서는 그동안 각자 가지고 있던 모든 고객의 정보와 경험이 공유되고 고객 대응 프로세스를 통합적으로 관리할 필요가 있었다. 이에 고객과 함께 성공하기 위한 그룹 차원의 선순환 프로세스를 제안하였다. 대표적인 내용을 살펴보면 다음과 같다.

1. 각자의 비즈니스 영역에서 기회가 인지되면 즉시 전 그룹사에 공유하는 프로세스를 만든다.
2. 이 기회와 직접적으로 관련된 그룹사를 중심으로 태스크포스Task Force를 구성하고 수주 방안을 수립한다.
3. 추진 계획이 수립되면 고객사에게 토탈서비스Total Service를 제공할 수 있는 프로젝트를 함께 수행한다.
4. 고객과의 사업이 종료된 후 지속적 파트너쉽 관계를 유지하고 추가적인 니즈를 파악하기 위한 A/SAfter Service 체계를 함께 유지한다.

이를 위해 필요한 역량으로 그룹사 간 원활한 커뮤니케이션, 고객 정보, 지식, 수행 경험의 자산화 공유, 통합적 고객 대응 프로세스 관리 시스템, 고객과의 프로젝트 수행 경험의 그룹 자산화, 그룹사 매출, 수익 배분 구조 합리화 등을 강조하였다. 이러한 사업 구조의 변화로 그룹사 임직원들의 일하는 모습도 달라졌다. 우선 각 사의 임원들의 경우 그동안 수익 배분, 임원 성과평가 등의 현실적 제약으로 인해 자신들의 사업 영역 이외에는 확장 진출에 소극적이었다. 하지만 이제는 그룹사 전체 사업 포트폴리오 구성이 가능해짐에 따라 고객 중심으로 다양한 사업을 제안하고 있고 그룹사간 협업시에도 본인이 기여한 만큼의 성과를 인정받고 있다.

다음으로 담당 실무자의 경우 그룹사가 진행하고 있는 프로젝트의 전체 관리 모니터링, 이슈 원인 파악 현황이 공유되어 유사한 프로젝트로 인한 중복 투자를 방지하고 사전에 고객 대응이 가능해지고 있다. 또한, 이미 그룹사 간 협업에 관한 수익 모델의 배분율이 확정되어 있어, 협업 프로젝트를 추진할 때 사전에 매출 및 영업 이익을 자동으로 용이하게 산출할 수 있다.

마지막으로 영업 사업의 경우 거래 고객사와 더불어 기회가 발생할 수 있는 고객사에 대한 유의미한 정보 다른 그룹사가 수집한 영업기회, 사업동향, Key man 인사정보 등를 필요할 때 확인하고 활용할 수 있다. 이때 외부에서 활동 중이라도 모바일과 같은 IT 기기를 활용하면 모든 업무에 관한 정보 수집부터 대응 처리까지 가능하다.

고객 성공 전략은 2015년 초 포스코 에너지, 포스코 건설, 포스코 ICT와 함께 에너지 발전 및 관리를 주요 사업으로 하는 고객사를 대상으로 파일럿Pilot 사업을 수행한다. 파일럿 사업이라고 하면 포스코의 투자를 전제로 고객사는 자신들의 개선 사업 영역을 제공하고 포스코는 그 안에서 사업 추진 방법론 및 노하우를 찾아내는 과정이다. 지금 생각해 보면 중소 고객사 내부 사정은 크게 두 가지로 분류된다. 변화와 혁신을 절실히 필요로 하는 경영층의 바람과 인력 부족으로 몇 명분의 일을 도맡아 함에 따라 매일같이 힘들어 하는 실무자들의 고민으로 나눠진다. 따라서 고객사의 경영층이 원하는 Big Picture가 실현될 수 있는 구체적인 플랜을 제공하되 항상 실무자들의 부담을 고려한 효율적인 일하는 모습과 방안을 제공해 주어야 했다. 이는 결론적으로 단순히 선진화된 시스템과 프로세스를 제공하는 것보다 더욱 중요한 일이라고 생각된다. 동반 상생이라는 목표로 처음 추진한 고객 성공 프로젝트는 고객의 좋은 반응과 실제 구축에 대한 의지를 확보해 낸 성과를 냈다. 이후 건설, 발전 등 추가로 8개 고객사가 우리의 고객 성공이라는 동반 성장 전략에 공감하고 적극 참여하였다. 현재 그들은 포스코의 4차 산업혁명이라는 보다 업그레이드된 협력과 공유 전략에 함께 편승하여 모바일, 빅데이터 등 IT 기술에 많은 관심을 보이고, 이를 활용하여 이전보다 더욱 높은 산업 수준을 위해 함께 노력 중에 있다.

CHAPTER 6

혁신 기업에서 스마트 기업으로

CHAPTER 6

 # 그동안 혁신 축적이 새로운 밑거름

앞에서 살펴봤듯이 포스코가 지금 추진하고 있는 제품과 서비스의 융합 전략은 철강 제품인 하드웨어와 그 제품을 운영하기 필요한 노하우를 담고 있는 소프트웨어를 결합하여 고객이 성공할 수 있도록 함께 협력한다는 것이다. 결국, 포스코는 위기에 직면한 전통 산업을 살리기 위한 방법으로 '고객 성공 전략'을 택한 것이다. 이는 GE나 지멘스와 전략적인 측면에서 일맥상통하다. 4차 산업혁명은 급속한 기술 발전과 산업 간 융합을 바탕으로한 새로운 비즈니스가 계속해서 출현하면서 동시에 전통 비즈니스를 위협하고 있다. 이러한 변화의 시대에 대응하기 위해 본업의 핵심 역량과 ICT 기술을 접목한 혁신 경쟁력을 높이는 것만이 해답이다. 그러나 이러한 혁신은 하루아침에 만들어지는 것은 아니다. 실패와 성공의 수많은 과정을 통해 살아남은 통찰의 결과물만이 혁신으로 누적되는 것이다. 그렇다면 앞장에서 살펴본 포스코가 그동안 축적해온 4차 산업혁명의 밑거름이 되는 혁신의 과정을 통해 우리가 얻을 수

있는 교훈은 무엇인지 살펴보자.

우선 기술력 관점에서 포스코는 1980년대 초반까지 외부 기술을 도입하는 단계를 거친다. 이때는 선진기술의 단순 도입과 성숙 기술의 커스터마이징 customizing 을 하는 수준으로 평가되고 있으며 생산량 증대와 현장 문제 해결에 중점을 둔 기술 혁신 활동이 주로 이루고 있었다. 사실 이 기간에는 외국의 선진 기술을 자체적으로 활용할 수 있는 기술력을 갖춘 회사가 거의 없었다. 포스코를 포함한 대부분의 기업은 외국의 기술 도입선에 의존하여 기술 능력의 향상을 도모할 수밖에 없었다. 다음으로 1990년대 초반까지 약 10년 동안의 기술 내재화 단계에서는 선진국의 성장기 기술을 도입하여 소화 흡수하려는 자체 노력이 진행되었다. 제조 기술 고도화, 부가가치 향상 기술 개발을 위해 자체 연구개발에 투자하기 시작하였다. 이때 광양제철소 가동, 포항공대 설립, 산업과학기술연구소 출범 등 혁신을 위한 본격적인 인프라 체제가 구성되었다. 이후 지금의 기술 선도 단계에서는 그동안 축적된 기술 능력을 바탕으로 다양한 기술 혁신을 시도하고 있다. 제품 다양화 및 품질 기술력, IT 신기술과 설비의 융합 제어 기술, 파이넥스 공정 등 첨단기술을 자력으로 개발할 수 있는 인력 풀을 바탕으로 기술 혁신에 시너지를 한창 내고 있는 중이다.

또한, 전략적 관점에서 보면 포스코는 오랫동안 회사의 미래 중장기 전략을 중심으로 경영, 마케팅, 생산 등 각 사업 포트폴리오의 성과를 혁신의 실적으로 관리해왔다. 회사 내 경영전략부서와 혁신부서는 항상 같이 붙어 다니며 전략 수립 및 평가를 혁신 관리 프로세스와 맵핑하여 전략이 실행되는 동안 혁신 기여도와 잘 맞는지 아닌지를 상호 모니터링하고 보완하는 과정을 반복한다. 또한, 중장기 전략 수립의 방향은 항상 시대의 흐름을 반영하되 최종 성과는 국가 제조 경쟁력 향상에 기여하겠다는 의지가 담겨 있다. 왜냐하면, 최초 포스코의 창립 이념이 철을 만들어 국가에 보답하겠다는 '제철보국製鐵報國'이었고 이 비전은 지금까지도 아주 깊이 뿌리 박혀 내려오고 있기 때문이다. 현재 이를 기본 철학으로한 새로운 제조 산업의 방향과 그동안 축적해 온 혁신 프로세스를 융합하여 4차 산업혁명이라고 하는 또 다른 혁신의 기회를 잡기 위한 노력을 하고 있다.

매월 개최되는 '사운영회'에서는 CEO를 포함한 경영 및 생산 관련 임원들이 모두 참여하여 사업 실적 및 현안 이슈에 대해 심도 있는 논의를 한다. 중요한 사실은 회의 시작에 포스코 경영연구소 주관으로 포스코의 전략과 관련된 외부 기술 동향과 시장 분석에 관한 다양한 전문가들이 발표하고 토론한다. 임원들은 그 시간을 통해 학습한 외부 기술 및 트렌드에 대해 담당 실 또는 부서원들에게 공유하고 모든 구성원들에게 깊이 있는 학습을 하도록 지시하고 있다.

다음으로 혁신의 실효성을 높이기 위해 내·외부 네트워크를 차별적으로 구축하고 관리해 왔다. 내부적으로는 기술연구원,

---

※ PAC: 인천 송도에 위치한 포스코 제품이용연구센터. 포항공대, 포항산업과학 연구원 등과 함께 협업하여 주로 철강 제품과 신기술의 융·복합 기술 개발에 중점을 두고 있음

PAC_{Product Application Center*} 등을 중심으로 제품 자체에 대한 혁신과 더불어 고객들이 우리 제품을 활용할 수 있는 소프트웨어 기술까지 개발하고 있다. 이를 중심으로 국내를 포함한 세계 10개국 이상에 TSC_{Technical Service Center*} 설립하고 네트워킹 체계를 구축하여 100명 이상의 기술 엔지니어들이 고객에게 서비스 딜리버리를 담당하고 있다. 또한, 외부 네트워크로 포항산업과학연구원_{RIST}, 포항공대_{POSTEC} 등의 그룹사들과 IT 회사인 구글, 에너지 발전설비 제조 분야의 지멘스 등과 같은 글로벌 회사와도 협력 관계를 추진하고 있다. 특히, 구글의 경우 2013년 PI 3기 때 포스코와 함께 당시 불가능하지만 미래에는 꼭 필요할거라 생각되는 중장기 미래 프로젝트를 함께 진행하였다. 이때 발굴된 프로젝트로는 제철소 내 물류를 자동화하기 위한 '무인자동차', 철강의 생산을 스스로 담당할 수 있는 '말하는 설비' 등 40여 개가 있었다.

마지막으로 포스코는 혁신 역량을 스스로 강화할 수 있는 프로세스와 툴이 상당히 잘 갖추어져 있다. 사내 IMS_{Idea Management System}라고 하는 열린 아이디어 제안방 운영을 통해 내부의 창의 역량을 우선적으로 활용하면서도 필요시 외부 역량을 전략적으로 활용하는 프로세스를 운영하고 있다. IMS의 경우 직원부터 임원까지 누구나 아이디어를 등록할 수 있다. 업무 중 수시로 떠오르는 아이디어들을 주제, 형식, 시간에 제한 없이 제안하는 방식이다. 아이디어가 등

※ TSC: 포스코 제품을 구매한 고객 대상으로 품질 문제 해결, 기술 지원 등을 목적으로 활동하는 조직. 국내 각 지역별 및 국외 주요국에 위치

록되면 해당 아이디어에 관심 있는 직원들에게 알림이 가고 해당 분야의 전문가가 자동으로 추천되어, 온라인 공간에서 자유롭게 아이디어 굴리기가 진행된다. 이러한 아이디어 평가에는 직원들도 참여하며, 채택된 아이디어는 비슷한 고민을 하고 있는 직원들에게 추천되고 재활용된다. 하나의 사례로 광양 제강공장의 김 과장은 전기로 작업 중 발생하는 잔탕을 재활용하는 과정에서 낭비가 많이 발생하는 고질적인 문제에 대해 고민을 하다가, 아이디어 제안방에 이에 대한 개선안을 제안하였다. 제강 분야의 다양한 조업, 정비, 기술원 등 많은 경험자가 아이디어 굴리기에 동참하여 제안한 내용을 함께 완성함으로써 일주일 만에 개선안을 만들어 실제 현장에 적용할 수 있었다. 이를 통해 프로세스는 6단계에서 2단계로 간소화되었고, 비용은 연간 3.6억 원 절감 효과를 만들 수가 있었다. 또한 이 모든 과정은 온라인상에서 이루어졌다. 2016년 기준으로 임원들은 전체 230건의 아이디어를 등록하여 굴리기에 참여하였고, 직원들 경우 3천 건 이상 등록하였으며 이 중 아이디어 평가위원회를 통해 성과가 기대되는 120개 이상의 아이디어가 프로젝트로 수행 중에 있다. 결국, 작은 아이디어 하나가 수십 명이 수행할 수 있는 혁신 프로젝트로 탄생하는 것이다. 자신의 아이디어가 혁신 프로젝트로 선정되는 경우에는 굴리기에 참여한 모든 직원이 보상을 받음으로써 창의적 활동에 대한 성취감을 갖게 하였다.

이와 함께 창의적 아이디어를 발굴할 수 있는 프로세스와 연계할 수 있는 외부의 잘된 방법론이 있으면 적극적으로 받아들여 왔다.

예를 들어 제조 프로세스의 혁신을 위해 오래전부터 사용해온 식스 시그마 Six Sigma를 외부의 미션 중심의 일하는 방법론과 접목하여 프로젝트 중심의 일하는 방식인 PSS POSCO Six Sigma plus을 만들었다. PSS는 직원들이 제안한 아이디어에 굴리기 활동을 거쳐 구체화하고, 수익을 창출할 수 있는 프로젝트로 수행하는데 구체적인 방법론을 제공하고 있다. 만약 개선을 위한 프로젝트인 경우 DMAIC 방법론인 문제 정의 Define, 현상 측정 Measure, 데이터 분석 Analyze, 개선 활동 Improve, 적용 및 제어 Control를 따른다. 신규 개발 프로젝트인 경우는 DMEDI 방법론인 문제 정의 Define, 현상 측정 Measure, 분석 및 콘셉트화 Explore, 설계 및 개발 Develop, 시행 및 테스트 Implement를 적용한다. 그리고 창의적 사고로 아이디어를 생성하는 힘을 기르기 위한 방법인 Triz 기법을 도입하는 등 우리의 전략에 필요하면 외부의 잘된 툴을 언제든지 받아들여 우리 것으로 소화하려 노력해 왔다.

결론적으로 포스코는 필요 시 언제든지 대규모 혁신이 가능할 만큼 그동안 혁신에 혁신을 반복하며 내재화함과 동시에 하나의 관성 inertia을 만들어 내었고, 그것은 하나의 큰 성장 궤적 technological trajectory으로 이어졌다. 이를 통해 회사의 장기 목표와 전략, 구조와 시스템, 일하는 방식 등 회사 운영 전반에 걸쳐 포스코만의 성장 엔진을 만들 수 있었다. 이 엔진 안에는 시대의 흐름, 즉 새로운 판이 바뀔 때마다 어떻게 적응하고 제품과 서비스의 성공 전략에 관한 회사의 노하우가 들어 있다. 지금은 4차 산업이라는 새로운 패러다임이 받아들일 준비를 하고 있다. 오랜 혁신을 통해 만들어 온 성장 엔진을 중심으로 기존의 제조 구조, 생산 프로세스, IT 인프라 등 너무나 익숙해져 버린 플랫폼을 과감히 버리고 있다. 그런 다음 새로운 플랫폼에서 필요로 하는 제조 설비 장치인 하드웨어와 IoT, 빅데이터, 인공지능 등의 소프트웨어 신기술을 융합하여 또 다른 성장판을 만들어 가기 위해 한창 준비 중이다.

4차 산업혁명은 새로운 기회

　2015년 포스코는 창사 이후 처음으로 적자를 기록하였다. 국내는 물론이고 국외 언론에서도 포스코를 '쓰러져 가는 공룡'으로 비유하며 불투명한 앞날을 예고하였다. 국민 기업이라는 타이틀로 출발하여 대한민국 산업의 자존심으로 자리를 지키며 해마다 수조 원씩 순이익을 내던 회사이었기에 더욱 충격이 컸다. 겉으로 드러난 이유는 중국의 철강 과잉 공급 영향과 원화 가치가 하락하면서 외화부채 규모가 크게 늘어났기 때문이라고 말한다. 하지만 앞으로도 공급 과잉에 따른 세계 철강업계의 불황 및 저성장 경제가 지속될 거라는 불안한 상황 속에서 보다 근본적인 대책이 필요하였다.

　포스코가 이러한 충격을 외부의 탓으로 돌리고 현 철강 생산 구조 및 성공 방정식을 그대로 유지했었다면 아마 성장의 한계가 드러났을 것이다. 하지만 포스코는 2013년 후반부터 위기를 감지하였다. 새로운 판을 바꾸지 않으면 살아남을 수 없다는 것을 CEO는 물론 모든 경영층이 공감하여 직원들과 함께 위기의식 대응 방안에 관한 토론회 및 워크숍을 지속적으로 추진해 왔다. 나 역시 그러한 토론회를 준비했던 한 사람으로서 새로운 판이 무엇이고 어떻게 전략을 세워야 경영층이 공감할 수 있는 방향으로 합의될지에 관해 부단히 노력했던 기억이 난다. 그때 제러미 리프킨, 노암 촘스키, 장 지글러, 지그문트 바우만, 하워드 가드너 등 석학들의 사상과 철학이 많은 도움을 주었다. 당시에는 지금 우리가 말하고 있는 4차 산업혁명이라는 용어 대신 제러미 리프킨이 새로운 변화의 시기를 정의한 3차 산업혁명이라는 말을 주로 사용했었다. 당시 내 머릿속에는 20세기 말 인터넷을 기치로 한 커뮤니케이션 혁명과 더불어 새로운 세상을 움직일 수 있는 에너지원의 변화가 새로운 산업혁명을 주도할 것이라고 주장한 제러미 리프킨의 사상이 상당 부분 차지하고 있었다.

앞에서 존속적인 혁신의 한계를 살펴보았다. 놀랄 정도의 많은 혁신을 하고 있음에도 실패하는 선두 기업의 원인이 치명적인 기술 결함이나 시장 경험이 미성숙해서 실패하는 것이 아니라는 것이다. 이는 기존의 판에서 가지고 있던 철학과 사고를 바탕으로 안정적인 사업 증대를 추구하다 보니, 새로운 판의 움직임을 감지 못하고 더군다나 내부에서 발생하는 파괴적 성장을 위한 획기적인 아이디어들이 의도적으로 묵살되기 때문이다. 이를 잘 알고있던 포스코는 인프라, 프로세스, 기업가치 측면에서 내부를 진단하고 새로운 판을 전제로 미래 전략을 준비하였다.

인프라란 사람을 중심으로 기술, 설비 장치, 브랜드, 정보, 유통 및 고객 네트워크 등을 모두 포함하는 것을 말한다. 하지만 새로운 비즈니스를 성공적으로 이끌어 가기 위해 필요한 인프라 요소를 고려할 때 가장 흔한 실수를 하는 것 중의 하나가 사람, 즉 비즈니스 관리자에 대한 잘못된 선택 기준이라는 사실이다. 기존의 성공 방정식만을 적용해 실적이 좋은 사람을 찾아 선택한다는 것이다. 하지만 그들이 모험적이고 새로운 판에서 성공적으로 책임을 수행할 수 있는지 가늠할 수 없다. 따라서 포스코는 CEO의 의지로 우선 전임원층을 대상으로 집합교육을 진행하였다. 기존의 혁신 수준이 아닌 새로운 기술 판에서 경영을 목표로 한 스마트 기업으로의 변신에 관해 교육을 하였다. 또한, 실무자들에게는 인공지능, IoT, 빅데이터 등 새로운 기술 판에 필수적인 IT 기술 트렌드를 파악하고 활용할 수 있는 교육을 진행하였다. 이와 병행하여 관리자의 역할이 예상되는 직원들을 대상으로 순환 근무 정책을 시행하였다. 새로운 환경에서 모험심에 대한 훈련과 생산과 조업 공정부터 마케팅까지 업무 전체 흐름을 이해할 수 있는 관리자를 양성하기 위함이었다. 이를 위해 HR부서 주관으로 앞으로 회사가 제시하는 큰 문제를 해결할 수 있는 역량을 가지고 있고, 관련된 부서의 업무나 역할을 충분히 이해할 수 있을 거라 판단되는 인재 100여 명을 선발하고 있다. 이들은 포항 및 광양제철소 간에 그리고 제철소와 마케팅 부서 간에 순환 근무를 함으로써 새로운 체질을 갖춘 인재로 성장하기 시작한다.

다음으로 디지털 환경에서 새롭게 일하기 위해서는 현 프로세스에 대한 진단과 수정이 필요하였다. 일반적으로 조직의 성장은 탄탄한 인프라를 기반으로 더욱 가치가 큰 제품과 서비스의 변화를 만들어 낼 때 이루어진다. 이때 임직원들이 이러한 변화를 위해 노력하는 동안 기준으로 삼아서 상호 작용하고 협력하며 의사 결정하는 모든 패턴들을 프로세스라 한다. 프로세스는 제품 개발, 생산, 조달, 시장조사 및 예측, 예산 편성 및 집행, 직원 개발과 보상 그리고 자원의 배분 등 생산활동에 필요한 모든 방식들을 포함한다. 이러한 프로세스는 전사적 관점에서 명확하게 정의되고 가시적으로 문서화되며 직원들이 의식적으로 따르는 표준 프로세스가 있고, 명문화되지 않고 습관적 일과나 시간의 경과와 함께 변형된 작업 방식인 일반 프로세스가 있다. 요즘같이 일의 변화가 빠르고 다양해지고 있는 상황에서 표준 프로세스를 따르는 것이 쉽지는 않다. 일을 하다 발생하는 예외 상황을 해석하고 건의하여 표준 프로세스에 포함시키는 작업이 만만치 않기 때문이다. 하지만 표준 프로세스는 일관성 있는 방식으로 높은 성과를 만들 수 있게 도와준다. 예를 들어 매년 포스코에서는 가장 성과가 높은 부서를 선정하고 있다. 이 때의 평가 결과에 그들이 직무 수행을 잘하는 이유 중에 하나로 늘 표준 프로세스를 자신들의 직무와 일치하려 노력했다는 사실을 알 수 있었다. 따라서 새로운 스마트 사업을 전개해 나가기 위해서는 새로운 표준 프로세스가 필요하였다. 이러한 프로세스는 개발, 생산, 물류, 고객 서비스와 관련된 부가가치 창출에 필요한 프로세스가 아니었다. 포스코가 스마트 사업에 투자하고 지원하기 위한 프로세스가 우선 필요하였다. 곧 SSC Smart Solution Council 위원회라고 하는 새로운 사업 투자를 위한 추진 조직이 신설되었고, 기획부터 실행까지 그룹 차원의 표준 프로세스가 만들어진다. 예를들어 이전에는 전혀 생각하지 못했던 파괴적 아이디어가 발굴되면 이를 중심으로 CEO를 비롯한 그룹사 사장단들의 판단을 우선시한다. 이후 실행이 필요하다고 결론이 나면 즉시 재무실의 투자까지 이루어지는 Top-down 방식의 표준 프로세스로 일이 진행되었다.

마지막으로 기업가치 측면에서 모든 직원들은 회사가 새롭게 변화시키려는 가치의 핵심을 잘 파악해야 한다. 이를 위해 조직은 직원들의 모든 업무 활동이 회사의 새로운 전략적 방향과 일치되도록 교육하고 지원하는 것이 중요하다. 포스코는 우선 기존 방식으로 단순히 생산성과 비용 절감만을 목표로 추진해 오던 사업들을 꼼꼼히 재평가하여 스마트화에 기여하도록 지원할 수 있는 방법이 필요하였다. 이를 위해 2016년 전 부서를 대상으로 '빅데이터 서비스 센터'를 사내에 설립하였다. 빅데이터 서비스 센터는 기존 사업에 대한 재평가뿐만 아니라 만약 직원들이 하고 있는 일에 IT 신기술을 적용하거나 데이터 분석에 관해 도움을 받고 싶을 때면 언제든지 전화하여 상담을 받을 수 있다. 이때 전문가로 구성된 빅데이터 분석 센터에서는 의뢰가 들어온 비즈니스 영역에 가장 적합한 데이터 사이언티스트를 지원한다. 그들은 직원들이 하고 있던 과거 방식의 일들에 AI, 빅데이터 등을 적용하여 스마트 개념으로 발전할 수 있도록 지원하고 있다.

이렇게 업그레이드된 포스코의 전략적 판단의 핵심은 4차 산업혁명이 새로운 질서와 산업의 룰의 변화를 가져올 것으로 예상하고 기존의 효율, 규모, 자본 주도의 성장보다는 디지털 기술, 인공지능, 소프트웨어 중심의 성장과 경쟁력을 확보하는 것이다. 그동안 포스코의 성공 방정식은 내부 효율과 최적화에 머물러 있었다. 즉, 수직 통합Vertical Integration 관점에서 맨 아래 설비 단계부터, 생산관리를 담당하는 MES, 주문 및 판매를 담당하는 ERP, 그리고 최종 사용자 애플리케이션까지 하나로 통합 관리할 수 있는 역량은 단연 세계 최고다. 하지만 데이터를 중심으로 공정 간, 공장 간에 연결을 의미하는 수평 통합Horizontal Integration 에서는 그동안 엔지니어들의 이해 부족, 비대해진 조직 간의 이해관계, 옛날 방식으로 최적화된 기존 설비나 장치들의 물리적 환경 등의 구조적인 고착화로 인해 취약한 게 사실이다. 따라서 IoT를 통해 모든 사물을 연결하고, 엄청나게 발생하는 빅데이터를 분석한 다음 AI를 적용하여 더욱 지능화함으로써 이를 극복하려 하고 있다.

현재 포스코를 비롯하여 고도로 수직 자동화된 공장들을 많이 볼 수 있다. 그러나 새로운 4차 산업혁명 시대의 판은 공장의 모든 요소가 수직뿐만 아니라 수평으로도 통합되어 서로 소통할 수 있는 기업 수준으로까지 발전하길 원하고 있다. 글로벌 IT 리서치 기관인 IDC에 따르면 글로벌 제조 산업에 IT 시장 규모는 2016년 기준 208조 원으로 예측한다. 그중 빅데이터, AI 등의 소프트웨어 부분이 37%로 가장 높고, 다음으로 13%인 컨설팅 영역으로 나타났다.

이는 지금 전 세계 제조 기업들이 4차 산업혁명에 필요한 새로운 무기를 가지고 내부 혁신을 원하고 있다는 의미이다. 또한, 내부 변화를 위해 컨설팅으로 미래 전략을 같이 그려줄 수 있는 외부 전문가를 원하고 있다는 사실도 통계로 알 수 있다. 지역별로는 유럽, 미국, 아시아 순으로 시장 규모가 큰 것으로 나타났다. 아시아에서는 중국이 8조 원의 시장 규모로 단연 1위이다. 중국은 지난 20년 동안 규모의 경제로 무분별하게 확장해 온 제조 산업을 국가적 차원에서 재편성하려 한다. 그 일환으로 제조 산업의 구조조정 및 설비 합리화를 우선 진행하고 있다. 이와 병행하여 중국형 4차 산업혁명인 '중국 제조 2025'를 정부 주도로 추진하고 있다.

제조 혁신을 위한 전 세계 시장 규모로 봤을 때 포스코가 지금 하고 있는 4차 산업혁명을 위한 노력은 분명 새로운 시장을 만들어 낼 것이다. IoT, 빅데이터, AI 등 IT 신기술을 받아들여 새로운 변화를 위한 움직임이 시작됐다. 앞으로 생산의 스마트화, 제품 및 기술의 융복합 확대, 제조와 서비스의 결합 등이 완성되면 기존 하드웨어 제조 기업에서 소프트웨어 기업으로 포스코는 변신해 있을 것이다.

03 ▷▷▷▷ Automation, Smartization, Smart Solution

  포스코는 지난 50년 동안 설비와 IT 기술의 발달에 힘입어 성장할 수 있었다. 1973년 조강기준 연간 100만 톤 규모의 생산 시설로 출발하여 90년대 초반까지 330만 톤으로 3배 이상 규모를 늘렸다. 당시의 제조 산업에서의 경쟁력은 일본, 독일 등 선진사의 좋은 설비 장치를 누가 빨리 도입하여 생산할 수 있느냐가 관건이었다. 하지만 1990년대부터는 공장의 생산성을 더욱 향상시키기 위해 기존의 제조 프로세스와 도요타의 Six Sigma, Lean 제조 방식 등 선진 혁신 방법론을 결합하여 제품을 더 빠르고 효율적으로 생산하는 데 집중하였다. 이를 포스코에서는 Automation 시대라고 부른다. 이 기간은 ERP, MES 등 재무 및 제조 관련 디지털 정보 기술을 이용하여 비즈니스 프로세스 효율성을 증대하려 노력했던 시기였다. 지금 글로벌 기업들이 Digital Transformation을 위한 노력을 하고 있는데 포스코는 이미 1990년대부터 디지털 기업으로 변신하려는 노력을 시도했다고 볼 수 있다.

자동화를 위해 열심히 달려왔던 포스코는 이제 스마트 기업으로 변화하고 있다. IoT, 빅데이터, AI 등 4차 산업혁명에 필요한 신기술을 총동원하여 모든 업무 프로세스의 연결과 지능화로 경쟁력을 확보하려 노력하고 있다. 또한, 기존의 철강 제조뿐만 아니라 발전, 건설, 소재까지 확장하여 새로운 성장 기회를 찾기 위해 노력하고 있다. 공장 안에 모든 제조 기계에 센서를 부착하고 대량으로 발생하는 데이터를 수집하여, 언제 유지 보수가 필요할지 예측하며, 계획된 정비 외에는 불시에 정비가 필요한 일이 발생하지 않도록 하고 있다. 건설 현장에는 IoT 및 3D CAD 적용으로 시공에 대한 공정 관리를 디지털로 시뮬레이션하여 초기 건축주의 도면 콘셉트가 한 치의 오차도 없게 실현되고, 만약 설계 변경이 생길 시 설계와 시공에 관련된 모든 포스코 제품 정보를 분석하여 대안을 제시해 준다. 에너지 발전소에서는 터빈 복수기 및 회전기기에 있는 센서 정보를 기반으로 성능을 진단하고 고장을 예지한다. 이를 통해 발전 능력을 향상시켜 최종 에너지를 생산하는데 필요한 연료 및 운영비를 최소화한다.

포스코는 철강을 포함한 전 산업의 스마트화를 추진하기 위해 2016년 2월 포스코 그룹 차원의 SSC Smart Solution Council 위원회를 설립하였다. 여기서는 주로 스마트 전략에 관한 전체 방향을 수립하고 철강, 건설, 에너지 등 분과별로 총 170개의 스마트 프로젝트를 발굴하여 본격적으로 추진하였다. 매 분기마다 개최되는 SSC 회의에서는 CEO를 비롯한 그룹사 임원 30여 명이 참여하여 산업별 메가 트렌드Mega Trend를 분석하고 진행 중인 스마트 프로젝트를 CEO에게 직접 보고하고 피드백을 받는다. 만약 CEO가 판단하기에 포스코 스마트 전략의 전체 방향과 맞지 않는 것은 과감히 중단하도록 지시한다. 반대로 타 분야와의 협력을 통해 시너지가 날 수 있다고 판단되는 프로젝트는 더욱 확대하여 포스코의 스마트화를 가속화 시키는데 주력하였다. 6월에는 세계 최초로 연속 공정에서 빅데이터를 분석할 수 있는 PosFrame을 개발하여 포스코 고유 브랜드로 등록하는 실적을 올린다. PosFrame 개발은 SSC 위원회에서 추진되고 있던 프로젝트 중의 하나였다. 포항 및 광양제철소를 스마트 팩토리로 구현하기 위해서는 가장 먼저 기반이 되는 플랫폼이 필요했고, SSC 위원회 내 철강 분과에서 이를 프로젝트로 진행하였다. PosFrame 개발이 큰 의미를 가지는 이유는 그동안 단일 설비나 장치 또는 공정에서 빅데이터를 분석하는 플랫폼은 GE나 지멘스 등 선진사들이 단연 앞서고 세계 시장을 독점해 왔다. 하지만 포스코와 같은 프로세스 산업의 특징은 제조 원료가 각 단계별 공정을 거치면서 서서히 그 물성이 변화하여 최종적으로 다른 성질의 제품으로 만들어지는 특징을 가지고 있다. 포스코 역시 각 단위별 공정상의 이상 진단이나 예측은 이미 그 수준이 상당하다. 하지만 제선-제강-연주-압연 등으로 이어지는 공장 간에 고속으로 흘러가는 정보를 수집하여 전체 큰 판에서 문제를 해결하기 위한 분석 플랫폼은 상당한 기술이 필요하여 그동안 시도하지 못했었다. 하지만 PosFrame이라는 제조 공정에서의 빅데이터 분석 기술을 확보함에

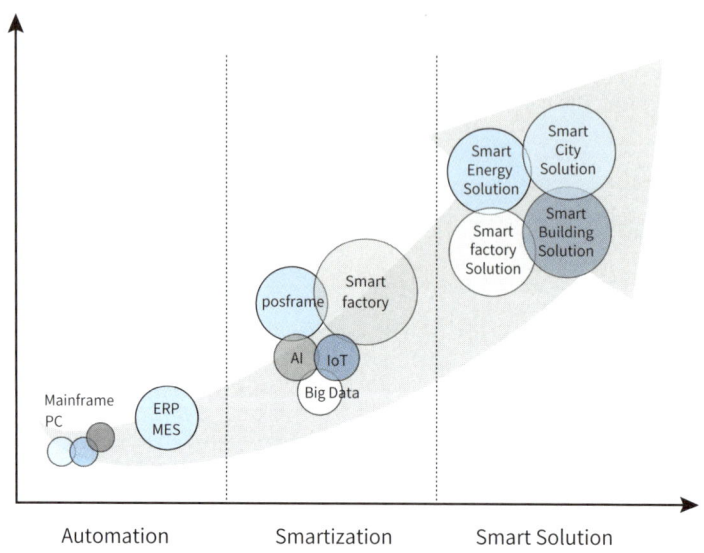

| Posco Digital Transformation |

따라 스마트 전략의 실현에 더욱 자신감을 가지고 4차 산업의 선두 글로벌 기업과 대등한 위치에서 경쟁하게 되었다.

2017년 2월 말 포스코 CEO는 독일의 지멘스, 미국의 GE의 모든 연구소 및 공장을 방문하고 돌아와서 4차 산업혁명을 리딩할 수 있는 추진위원회를 구성하라고 지시하였다. 이를 위해 기존 포스코 스마트화를 위해 추진하고 있던 SSC 위원회 활동과 더불어 4차 산업혁명을 리드하고 있는 선진국들의 전략을 분석하여 제조 산업 전체의 아젠다를 다룰 수 있는 미래성장위원회를 설립하였다. 신재생 에너지, 해외 IPP, Smart Solution, 소재 분야의 총 4개의 분과로 통합하고 재정리하였다. 이 중 Smart Solution 분과는 기존 SSC에서 추진하고 있던 170여 개의 스마트 프로젝트들을 2018년까지 내부적으로 성공시킨 후, 이후 솔루션으로 만들어 대외 사업을 할 계획을 세웠다.

포스코의 디지털 기업으로 변신하고 있는 과정을 정리하면 크게 3가지로 요약된다. 과거 공장에서 사람이 수작업으로 일하던 방식을 자동화하여 생산 관련 모든 일을 기계화하려 했던 Automation이 첫 번째 단계이다. 이 기간은 앞에서 살펴본 포스코 혁신 기술의 발전 모습 중 기술 도입과 기술 내재화 단계에 해당된다. 즉, ERP, MES, SCM 등 외부 기술을 도입하여 글로벌 수준으로 구축하려 했던 기술 도입 단계를 거쳐 이러한 제조 기술 판을 포스코의 것으로 만들기 위해 노력한 기술 내재화 단계를 말한다. 이후 연속 제조 공법, 파이넥스 공법 등 새로운 부가가치 기술 개발을 시작으로 2013년부터 본격적으로 포스코 제조 공장 지능화에 필요한 IT 기술을 적용하여 4차 산업혁명에 필요한 기반과 역량을 선도하고 있는 기간을 Smartization이라고 부르고 있다. 이 단계 초기에는 독일의 인더스트리 4.0과 같이 제조 산업에 국한하여 새로운 혁신 모델을 만들어 내기 위해 노력하였다. 하지만 지금은 제조를 포함하여 건설, 에너지, 환경 등 포스코가 가지고 있는 모든 사업 분야에서 4차 산업혁명 모델을 구현하기 위해 노력 중이다. 예를 들어 제철소는 고품질, 고효율, 무재해가 가능한 스마트 팩토리를 구현 중에 있고, 건설은 설계와 시공, 운영에 있어 빅데이터, 3D 기술 기반의 전 공정 연계로 품질을 향상시킬 수 있는 비즈니스 모델을 만들고 있으며, 에너지 발전소는 획기적으로 낮출 수 있는 데이터 기반의 통합 에너지 관리 모델을 개발 중에 있다. 마지막 단계로 이러한 4차 산업혁명의 성공 모델을 외부로 확대하여 전 제조 산업이 포스코를 중심으로 경제적 가치를 만들어 낼 수 있는 생태계로 확대되는 Smart Solution이다. 이는 고객이 포스코 제품을 구매할 때 이를 가공하고 응용할 수 있는 활용 기술까지 제공하던 지금의 수준을 넘어선다. 앞으로 고객이 제품을 가공하고 판매하는 과정에서 발생할 수 있는 모든 문제를 데이터로 진단하고 해결할 수 있는 기술 노하우까지 솔루션으로 제공할 예정이다. 이는 포스코의 생태계안에서 누구나 원하면 스마트 팩토리를 구현하고 운영할 수 있는 수준이 가능하다는 의미이다.

　지금 포스코는 내부의 Smartization을 한창 준비 중이다. 또한 곧 3단계로 넘어갈 Smart Solution 시기의 성공 가능성을 한창 검토 중이다. '에너지 발전 능력 향상 솔루션', '안전한 건설현장 작업환경 솔루션' 등 여러 분야에서 시범적으로 솔루션을 만들어 고객들과 함께 검증하고 있다.

 >>>> # PosFrame은 스마트 POSCO의 성장 엔진

지금까지 4차 산업혁명은 전략적인 측면에서 봤을 때 새로운 판의 변화 예고로 그 의미가 상당히 크다고 하였다. 이러한 판은 그 에너지 원이 무엇이냐에 따라 구분할 수 있다고 하였다. 증기기관이나 내연기관이 에너지원으로 작용한 1차, 2차 산업혁명 시기에는 강력한 설비 기계와 제어 기술을 도입하여 최대 생산을 도모하는 것이 가장 큰 목표였다. 더군다나 이러한 과정에서 발생하는 문제를 푸는 방법은 우리 모두가 너무나 잘 알고 있다. 특히, 우리나라의 경우 과거 철강, 화학, 중공업 등의 산업 육성 전략으로 해당 기간 동안 발생한 많은 문제를 해결해 온 경험이 있고, 이 경험이 바로 지금까지도 제조 산업의 강국으로 자리 잡고 있는 이유이기도 하다. 이후 3차 산업혁명 시대에는 정보통신 기술이 새로운 에너지원이 될 것이라고 기대했었지만 생각만큼 강력한 힘을 발휘하지 못하였다. 다행인것은 이 시대에 각자의 영역에서 꾸준히 발전해 온 분산 컴퓨팅 기반의 빅데이터, IoT와 인공지능 분야와의 융합 시도는 인

간의 전유물이었던 지식 노동의 일정 부분을 이제는 대체할 수 있다는 가능성을 보여주었다. 4차 산업혁명 시대에는 결국 이러한 융합기술이 강력하면서도 새로운 에너지원이 될 수 있을 것이라고 전문가들은 예측하고 있다.

과거에 그랬던 것처럼 4차 산업혁명 시대에도 그 큰 판을 움직일 수 있는 다양한 산업의 새로운 플랫폼들이 등장할 것이다. 세계적으로 큰 영향력을 가진 플랫폼부터 규모가 작은 플랫폼까지 다양할 것이다. 온라인 기반의 VR과 오프라인 기반의 AR처럼 두 개의 차원이 결합된 각각 플랫폼 역시 공존할 것이다. 플랫폼은 기본적으로 독립적으로 상태를 유지하는 것이 아니라 다른 비즈니스와 융합되고 세분화되면서 새로운 가치를 창출해야 의미를 가진다. 트위터, 페이스북 등 소셜 플랫폼이 정치적, 사회적으로 큰 영향력을 발휘하는 것도 그 때문이다. 4차 산업혁명은 현재 진행형이고 아직 정확한 모습은 나오지 않았다. 하지만 제조 현장에서는 지금까지 데이터화할 수 없었던 영역을 데이터화하여 새로운 비즈니스와 연결한 모델을 만들고 그 안에서 가치를 만들려고 노력하고 있다. 이것은 다른 말로 새로운 산업용 플랫폼이 필요하다는 의미이다.

포스코에서 개발한 PosFrame POSCO Frame 은 산업용 플랫폼이다. 생산 현장에서 발생되는 정형, 비정형 데이터의 수집, 저장, 분석, 의사 결정에 이르는 일련의 과정을 3개의 층으로 구분하여 처리한다. 설비와 직간접적으로 연결되어 데이터 수집을 담당하는 '인터페이스 처리부'가 제일 아래에 위치한다. 이 레이어의 주요한 기능은 산업 현장에 PLC자동제어 및 감시 장치, Programmable Logic Controller, DCS분산형 제어 시스템, Distributed Control System, DAQ데이터 수집 장치, Data Acquisition 등 설비 장치에서 제공하는 다양한 통신 프로토콜OPC, TCP/IP 등의 연결을 기본적으로 담당하고 있으며 IoT 환경을 위한 센서 장치들과의 연결도 지원하고 있다. 이렇게 설비와 연결된 통신 환경에서 50ms~1sec 단위로 발생하는 실시간 대용량 데이터를 수집하고 전처리하는데 텍스트부터 영상까지 대부분의 데이터 포맷을 지원한다. 이후 전처리 과정을 통해 올라온 그 데이터의 이름, 타입, 크기 등을 앞뒤로 붙여 향후 데이터가 플랫폼 안에서 순환하는 동안 추적 관리될 수 있도록 하는 '표준 변환' 과정을 거친다.

인터페이스 처리부를 통해 올라온 데이터를 처리하는 2번째 층에서 '실시간 처리부'와 '비실시간 처리부'로 나뉜다. 이렇게 나눈 이유는 설비의 대용량 데이터를 분석하는데 있어 실시간적으로 분석하여 즉각적인 조치가 필요한 경우와 추이나 예지를 위해 데이터를 지속적으로 모아 한 번에 분석하는 경우로 나누어지기 때문이다. 실시간 처리부의 경우 초당 30만 개 이상의 대용량 데이터를 빠르게 구조화하여 업무 유형별로 병렬 처리한다. 이때 In-Memory라고 하는 항시 그리고 즉시 사용할 수 있는 메모리에 저장함으로써 이상 감지 등 즉각적인 분석이 가능하다. 또한 이상이 감지되면 즉시 트리거링Triggering 되어 Alert을 발생시키도록 자동화되어 있기 때문에 별도로 사용자의 분석 과정을 거치지 않는다. 반면 '비실시간 처리부'는 하둡이라고 불리는 대용량 데이터를 분산

| PosFrame 구조도 |

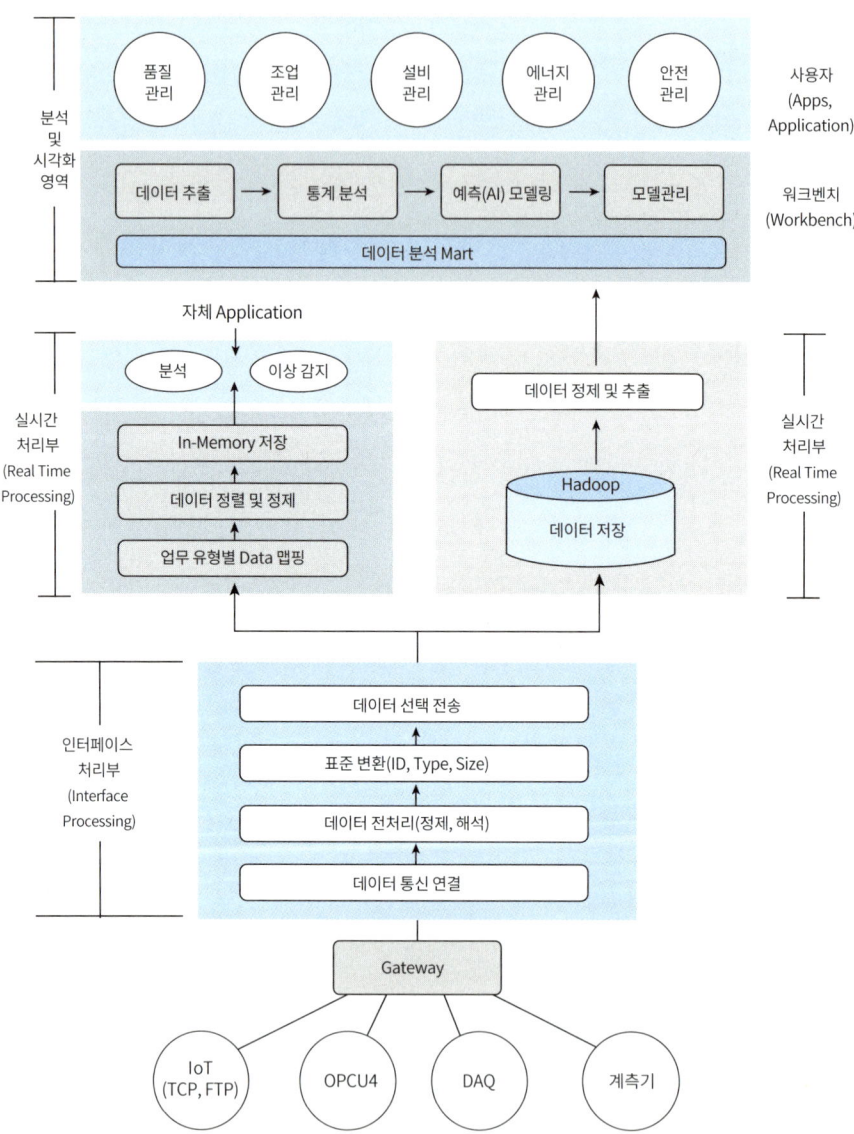

※ 실제 PosFrame 구조를 재구성

으로 처리할 수 있는 기술이 구현되어 있다. 이는 장치들의 상태 모니터링이나 일 또는 주간 추이를 통해 변화를 예지하는데 있어 배치Batch로 분석 업무를 수행하는 경우에 주로 사용된다.

마지막으로 사용자들 영역에 해당하는 3번째 층인 '분석 및 시각화' 부분이다. 이때 사용자가 분석 업무를 쉽고 빠르게 수행할 수 있도록 워크벤치Workbench라고 하는 분석 툴이 탑재되어 있다. 이 워크벤치는 비실시간 처리부에 있는 데이터를 분석하고 모델링하는 기능을 가진다. 실시간 처리부의 경우 데이터가 상위 층까지 올라오지 않고 해당 처리부 내에서 분석과 처리를 마친 뒤 필요시 바로 피드백하는 구조이다. 워크벤치는 4단계로 구성되어 있다. 첫 번째 단계는 PosFrame에 연결되어 있는 전체 데이터를 사용자에게 보여주고 분석 목적에 따라 원하는 데이터 소스를 선택할 수 있게 하는 과정이다. 이는 기존에 현장의 엔지니어가 자신이 필요한 데이터를 어디에서 가지고 와야 하는지 모르는 경우가 많았던 불편함을 해소해 준다. 일단 데이터 소스를 선택하면 해당 데이터들은 분석 마트Mart라고 하는 큰 통에 담긴다. 이때부터 본격적인 분석이 가능하다. 다음 두 번째 단계인 분석 과정에서는 분석 알고리즘을 사용해 실제 분석을 한다. 선형, 비선형의 회귀 분석부터 군집 분석까지 다양한 통계 분석을 할 수 있다. 최근에는 인공지능의 알고리즘들이 추가되어 이미지, 자연어 처리 등의 분석도 워크벤치에서 할 수 있게 되었다. 분석을 통해 나온 결과를 가지고 모델링을 수행하는 세 번째 단계를 거치게 되면 예측을 위한 하나의 모델이 생성된다. 이 모델을 애플리케이션으로 만들어 외부에 제공하게 되면 향후 누구든지 PC 또는 모바일에서 사용할 수 있는 상용 앱으로 활용할 수 있다. 마지막으로 워크벤치는 분석 과정 및 모델링 과정으로 통해 나온 결과물들을 관리할 수 있는 기능을 제공하여 또다른 누군가가 분석을 시작하려 할 때 유사한 분석 사례를 제공해 준다.

PosFrame이 중요한 이유는 그동안 제철소 내 각 공장별로 최대 생산을 목표로 설비 가동 능력과 시간을 최우선으로 하였던 패러다임에서 벗어나 제철 공정 전체를 큰 판으로 하여 문제를 정의하고 해결할 수 있는 방법을 제공하고 있다. 즉, PosFrame은 포스코 생산 현장 전체를 분석 대상으로 한다. 철광석 원료를 가지고 쇳물을 만드는 제선공장, 이 쇳물을 고객이 원하는 물성치로 변환하는 제강공장, 그리고 슬라브라고 하는 고체 형태의 반제품으로 만드는 연주공장, 마지막으로 슬라브를 고객이 원하는 치수로 밀고 절단하여 최종 제품을 만드는 압연공장까지 전체를 하나로 연결하여 실시간 정보를 수집하고 분석할 수 있다. 이러한 생산 프로세스 전체를 분석할 수 있는 플랫폼은 상당한 기술이 필요하며 조립 산업에 집중된 GE나 지멘스도 아직 시도하지 못한 기술이라서 그 의미가 더욱 크다.

CHAPTER

Smart Solution을 만들어라

4차 산업혁명은 기업과 개인의 격차를 더욱 크게 만든다

한마디로 4차 산업혁명은 생태계의 전쟁이다. 잘 갖추어진 생태계를 누가 먼저 만들어서 최대한 많은 기존 플레이어들을 참여시키느냐가 핵심이다. 아무리 포스코가 새로운 4차 제조 산업 생태계를 만들고자 노력한다 하더라도 사회적 제도나 정책이 받쳐 주지 않거나 참여하는 기업이나 기관이 소극적이라면 결국 죽은 생태계가 되어 더 이상 제 기능을 발휘하지 못하기 때문이다. 지난해 글로벌 투자기관인 UBS는 4차 산업혁명에 잘 대응하고 준비하고 있는 전 세계 국가들의 순위에 관한 보고서를 발표하였다 미국, 독일 등이 상위권에 랭크된 가운데 한국은 25위에 그쳤다. 12위 일본과 16위 대만 보다 낮은 순위이다. 더군다나 중국과의 기술 격차, 즉 한국 수준에 이르는 데까지 예상 소요 기간도 2010년 3년에서 2017년 1.3년으로 상당히 좁혀진 상황에서 이제 한국이 세계에서 경쟁할 수 있는 산업은 반도체 하나뿐이라는 얘기도 심심지 않게 들리고 있다.

문제는 4차 산업혁명이 본격적으로 시작되면 국가 간, 기업 간,

지역 간 격차가 더욱더 커진다는 것이다. 4차 산업혁명은 3차 산업혁명 시기에 개별적 영역에 머물던 기술에 AI, 빅데이터, IoT 기술이 융합되어 한 차원 높은 수준의 효율과 성과를 가져올 것이 분명하다. 그러한 성과가 모든 국가와 개개인 모두에게 골고루 혜택으로 돌아갈 수 있다면 좋겠지만, 많은 전문가들은 현실적으로 4차 산업혁명을 추진하는 국가와 기업만이 살아남는 승자독식의 게임이 될 것으로 보고있다. 이는 기술 중심의 산업이 갖는 수확 체증 효과와도 관련이 있다. 세계 최대 규모의 제조업체인 GE나 지멘스가 자신들 정부의 전폭적 지원하에 새로운 시장을 선점하기 위해 독자적인 실행 단계를 걷고 있는 것을 보면 더욱 실감할 수 있다. 특히, 미국의 경우 전통적으로 정보통신 산업, 소프트웨어 및 인터넷 기술을 장악한 상황에서 이제는 4차 산업혁명의 기술 판까지 독식하기 위해 자신들의 산업 인터넷 모델을 세계 표준으로 밀어붙이기 위해 노력 중이다. 최근 구글 등 미국계 기업과 중국 및 유럽 국가 간에 IoT 산업 표준에 대한 갈등은 이를 보여주는 단적인 예라 하겠다. 그 외 대부분 국가와 기업들은 종속적인 위치에서 부분적 영역에 한하여 하청 협력을 구해야 할 형편이다.

최근 한국개발연구원 KDI 에서도 4차 산업혁명으로 국가 간에는 선진국과 신흥국 사이 대분기 Great divergence 가 재현될 수 있다고 예측하였다. 대분기 현상은 18세기 산업혁명 이후 기계를 사용하게 된 서양과 여전히 사람 및 가축에 의존한 동양의 경제 규모 격차가 더 심해진 현상이다. 이와 비슷하게 4차 산업혁명에 따라, 관련 기술을 갖춘 선진국과 기존 체계 안에 머무는 신흥국 간 성장 격차가 심해질 것이라는 것이다. 더군다나 한 국가 안에서도 부문 간 양극화는 더욱 심화할 것이라고 말하고 있다. 4차 산업혁명 와중에도 새로운 기술을 적극적으로 수용하여 새로운 산업 생태계를 주도할 고숙련 지식 노동자와 인공지능AI이나 기계에 일자리를 빼앗길 저숙련 지식 노동자 영역으로 나눠진다는 것이다.

그렇다면 이러한 격차를 줄이고 새로운 산업혁명의 승자가 되기 위해서는 어떻게 해야 하나? 정부와 기업, 개인 모두는 기술 혁신의 수용 정도가 사회 발전을 결정하는 주요 요인이라는 1차 대분기의 교훈을 깊이 새겨 4차 산업혁명을 통해 얻게 될 장기적 혜택을 인식하고 적극 수용하는 자세가 무엇보다 중요하다.

1952년 미국에서 컴퓨터가 처음 나왔을 당시 분위기는 지금 우리가 인공지능에 대한 우려 수준보다 훨씬 더 시끄러웠다. 인공지능에 대한 기대와 함께 두려움이 공존하는 정도의 수준이 아니라 특정 신문 및 언론에서는 아예 컴퓨터가 인류를 위협하는 괴물이 될 거라고까지 표현하였다. 그리고 대표적으로 사라질 직업 중의 하나를 도서관 사서라고 예측하였다. 하지만 1957년 미국 내 6만여 명 수준이었던 사서들은 2009년까지 21만여 명으로 오히려 증가하였다. 이는 사서들이 당시 혁신적 신기술이었던 컴퓨터를 받아들이고 배우기 시작하면서 그동안 자신들이 하고 있던 육체 노동의 일부를 대체하여 일을 더욱 효율적으로 할 수 있는 도구로 활용했기 때문이다.

지난 세 차례 산업혁명 이후 세상의 격차가 한 번 더 크게 벌어지는 상황에서 4차 산업혁명을 선도하는 국가와 기업이 세계 경제를 석권할 것임은 분명하다. 이 때문에 구글, 애플, 페이스북, 아마존 등 디지털 공룡들이 새로운 산업혁명의 바다로 뛰어들어 가고 있다. 세계 주요국들도 저마다의 강점을 최대한 활용하는 4차 산업혁명 전략을 추진하고 있다. 미국은 인터넷과 플랫폼을 앞세운 산업 인터넷, 독일은 제조업의 강점을 더욱더 발전시키기 위한 인더스트리 4.0을 각각 추진하고 있다. 일본은 로봇과 인공지능 기술을 융합하여 로봇 중심 산업 사회로 변신을 도모하고, 중국은 막강한 시장을 강점으로 '중국 제조 2025' 등을 통해 제조 강국으로의 도약을 시작하였다. 이처럼 치열한 4차 산업혁명 경쟁을 촉발시킨 동력이 바로 IT 기술이다.

대한민국 입장에서도 IT가 새로운 판의 백본Back bone이라고 하면 한번 해볼 만하다. 모바일, 통신, 네트워크, 애플리케이션 등의 발전 속도를 봤을 때 세계 어느 나라에 뒤지지 않는 기술력을 가지고 있기 때문이다. 또한, 2020년까지 중소기업 1만 개, 스마트 공장 시스템 보급을 목표로 하는 기존의 '제조업 혁신 3.0' 정부 프로젝트의 좋은 성과들을 취하여 새로운 산업 모델로 재활용할 필요가 있다.

많은 전문가가 4차 산업혁명이 요구하는 역량과 제조업을 중심으로 하는 한국의 산업 DNA가 잘 맞을 것이라고 말한다. 4차 산업혁명은 한국에게 큰 도전이지만 강점을 충분히 살리고, 경험을 충분히 활용하면 승산이 없는 게임은 아니라는 것이다. 다만 4차 산업혁명에 대한 대응 전략이 국가 경쟁력으로 작용하기 위해서는 지금 기술 발전의 불확실성과 그로인한 파급 효과를 모두 감안해 세심한 전략 수립이 필요하다.

 ## 융합하고 공유해야 살아남는다

그동안 한국의 제조업은 빠른 추종자 전략을 통해 성장과 발전을 누릴 수 있었다. 적어도 3차 산업혁명의 시대에서 대한민국은 낙오자가 아니었다. 성공적으로 선두 대열에 끼어든 중간 진입자였다. 그러나 선두주자만이 살아남을 수 있는 4차 산업혁명의 시대에 지금 우리의 모습은 어떠한지 살펴볼 필요가 있다. 알파고가 세상을 시끄럽게 하니까 모든 제조 현장에 인공지능 도입 자체가 최우선이 되어 버리고, IoT가 대세라고 하니 공장 및 설비에 성능 좋은 센서를 어떻게 탑재할 지 등 기술로만 바라보고 있는 게 아닌지 우려된다. 혹시 아직도 빠른 추격자의 패러다임에서 벗어나지 못하고 있는 대한민국이라면 이 냉엄한 4차 산업혁명의 시대에 무엇을 해야 하고, 나날이 경쟁력을 잃어가는 제조업을 어떻게 발전시켜야 할지에 관해 다시 한번 진지하게 고민할 필요가 있다.

4차 산업혁명은 데이터의 시대로 통한다. 데이터 시대의 본질인 공유와 융합의 가치로 앞으로의 세상이 공유 경제 사회로 진화한다는 것이다. 2016년에 열린 세계경제포럼^{WEF}에서는 오는 2027년 공유 경제 시대가 본격적으로 열린다고 예측하고 있다. 공유 경제는 획일화가 아니라 집단지성을 통한 다양화가 핵심이다. 반복적인 요소는 플랫폼을 통해 공유해 최소 비용으로 제품 또는 서비스 요구를 충족할 수 있게 된다. 예를 들어 예전에는 원하는 정보를 찾기 위해 백과사전을 구매하고 소유해야만 하였다. 정보 자체가 소유의 개념이었다. 하지만 지금은 온라인 위키피디아^{Wikipedia}를 이용하면 누군가의 도움으로 만들어진 다양하고 양질의 정보를 언제든지 특별한 비용 없이 얻을 수 있다. 제조 산업 현장에서도 동일하게 적용된다. 지금은 공장에서 만들어지는 제품에 문제가 생기면 생산 라인에 있는 개별 설비나 장치를 일일이 찾아서 분석해야만 한다. 하지만 앞으로는 인터넷이 연결되어 생산 현장에서 발생하는 데이터를 전송만 할 수 있다면 누군가가 만들어 놓은 분석 플랫폼을 사용하여 발생 원인을 바로 찾을 수가 있다. 4차 산업혁명 선두에 있는 국가들이 나서서 하려고 하는 전략이 바로 공유되는 데이터를 활용할 수 있는 플랫폼을 만들어 선점하려는 것이다. 물론 플랫폼을 이용하는 기업들은 기존에 소유의 개념으로 가지고 있던 데이터를 공유할 수 있어야 한다. 하지만 그동안 경험으로 볼 때 우리나라 대형 제조사는 물론이거니와 중소 임가공사, 판매점 등의 경우도, 상당수 경영층들이 데이터가 새로운 가치를 만들어 낸다는 사실은 이해하지만 분석 및 진단을 위해 외부와 공유하는 것은 사실상 반대하고 있다.

우리와 비슷할 정도로 무역 의존도가 높고 제조업이 발달한 독일은 4차 산업혁명의 융합과 공유의 패러다임을 가장 충실히 준비하는 국가 중의 하나이다. 2012년 독일 정부는 미래 핵심 프로젝트로 인더스트리 4.0을 도입하고 곧이어 추진위원회를 설치하였다. 이 기구는 정부가 주도하고 23개 대기업 및 6,000개 중소기업이 공동으로 참여하고 있다. 가장 큰 특징은 새로운 제조 판을 만들기 위해 필요한 기술 표준화, 빅데이터, IoT 등 신기술 시스템 구축 및 관리, 차세대 초고속 통신망 구축, 지능형 안전과 보안 등을 우선 추진과제로 선정하고 판에 참여할 모든 기업들과 처음부터 같이 만들어간다는 것이다. 즉, 참여하고 있는 모든 기업이 그동안 소유하고 있던 모든 데이터를 공유하여 4차 산업이라는 큰 판을 돌리는 재료로써 제공하고 있다는 의미이다. 미국이 산업인터넷이라는 4차 산업혁명 판을 시장 선두에 있는 ICT Information and Communication Technology 대기업들과 우선적으로 협업하여 추진하고 있는 것과는 대조적이다.

포스코는 독일과 같이 중소기업과의 상생이라는 공동의 전략으로 4차 산업을 바라보고 있다. 우선 지금은 Smartization을 완성하기 위한 시기로 포스코 내부를 4차 산업혁명 모드로 바꾸는 과정을 진행하고 있다. 이미 광양제철소에 후판을 생산하는 공장을 4차 산업혁명 시범공장으로 정하여 성공한 사례를 가지고 있다. 구체적으로 빅데이터, IoT, AI 등 기술을 적용하여 마이크로 단위로 발생하는 데이터를 분석하여 제품의 생산성은 물론 고난의 조업 기술을 필요로 하는 고급강을 생산하는 데도 품질 불량이 거의 발생하지 않도록 사전에 예방할 수 있게 되었다. 이러한 성공을 바탕으로 다음 단계인 Smart Solution 으로 도약하기 위한 준비 작업을 하고 있다.

현재 철강사 중 포스코와 직접적으로 관련 있는 409개 고객사 중 우선 32개사를 대상으로 Smart Solution 확산을 위한 시범 프로젝트를 공동으로 연구하고 개발 중에 있다. 예를 들어 ㅇㅇ고객의 경우 에너지 관리와 모니터링에 관해 포스코가 광양에 구축한 PosFrame 기반에 IoT와 빅데이터 분석 기술을 적용하여 효과를 검증하고 있다. 처음부터 고객이 시범 프로젝트를 허락한 것은 아니다. ㅇㅇ지역에 있는 고객의 생산 현장에 방문하여 분석을 위해 필요로 하는 200여 가지 항목의 데이터를 요청했을 때 고객은 외부로 데이터를 보내지 말고 내부에서 분석해 주길 원하였다. 하지만 그렇게 하려면 PosFrame과 관련된 모든 IT 장치를 고객사에 자체 구축해야 했고, 이는 인터넷상에서 PosFrame 플랫폼 공유하여 데이터를 분석하겠다는 Smart Solution 개념과 대치되었다. 그래서 고객사 CEO에게 클라우드라는 개념부터 설득할 필요가 있었다. 당시 예로 든 것이 은행이 없던 시절 사람들은 자신의 현금을 집의 금고에 보관하였다. 너무나 당연한 생각이었을지도 모른다. 하지만 은행이라고 하는 타인의 돈을 대신 보관해 주는 서비스가 나왔을 때 이자를 준다고 해도 아무도 믿으려 하지 않았다. 하지만 지금은 은행에 자신의 돈을 보관하는 것이 오히려 가장 안전한 수단이라는 것을 알고 있고 모든 사람들이 가장 많이 이용하고 있는 서비스 중의 하나가 되었다는 사례를 들어 끈질긴 설득 끝에 고객사 CEO는 새로운 패러다임을 조금은 이해하게 되었다. 몇 달 후 고객사 담당자로부터 연락이 와서 포스코와의 공동으로 프로젝트를 수행하길 원한다는 기쁜 소식을 얻었다. 이 고객사는 올해까지 에너지 절감 및 효율성 검증을 마치고 내년부터는 본격적으로 클라우드를 통해 에너지 효율적 관리 서비스를 제공받을 예정이다. 클라우드로 제공한다는 말은 고객은 월 사용료만 지불하고 인터넷을 통해 분석 및 관리 서비스를 제공받을 수 있다는 의미이다. 포스코는 2018년 후반부터 어느 고객사라도 인터넷만 연결되어 있으면 PosFrame을 이용할 수 있는 서비스를 제공할 예정이다.

이처럼 4차 산업혁명 판을 만들어 가기 위해서는 해당 산업 플레이어들과의 합의와 데이터 공유가 절실한데, 국내 중소기업만 봐도 불안한 시장 경기, CEO를 비롯한 구성원들의 4차 산업혁명에 대한 낮은 이해도 등에 비쳐 봤을 때 결코 4차 산업혁명을 실행하는 여건이 좋지는 않다. 하지만 중요한 것은 데이터의 사유는 개별 기업의 경쟁력을 강화하지만 데이터의 공유는 국가 전체의 경쟁력을 강화한다는 것이다. 따라서 포스코는 지금도 끈질기게 고객사에 문을 두드리고 있고, 우리의 Solution을 통해 가치를 증명하여 대한민국형 4차 산업혁명 판에 참여시키려고 노력하고 있다. 우리는 곧 성공 케이스가 나오면 시장에 소문이 날 것이고, 다른 고객 역시 PosFrame을 찾을 것이라고 기대하고 있다. 그래서 2019년도 이후는 GE와 지멘스보다 앞선 4차 산업혁명의 리더가 되는 것을 목표로 하고 있다.

03　이제는 제품에 기술까지 팔아야 한다

　2017년 2월 26일, 포스코 CEO와 경영층은 GE와 지멘스가 4차 산업혁명을 어떻게 준비하고 있는지 확인하기 위해 직접 찾아 나섰다. 1주일 간의 일정으로 유럽의 대표주자인 독일 지멘스의 본사와 암베르크 공장 방문을 시작으로 미국 산라몬에 위치한 GE의 디지털센터와 그린빌 공장까지 약 지구 반 바퀴를 돌았다. 디지털 기술을 활용하여 가장 빨리 변신하고 있는 리더 기업의 전략과 현황을 몸소 보고 느끼고 온 것이다. 출장에서 돌아와 CEO 주재 임원회의가 열리고 두 회사의 장점과 단점을 분석하여 현재 포스코 스마트화를 더욱 성공적으로 이뤄내기 위한 논의가 이루어졌다. 우선 이번 벤치마킹이 그동안 포스코가 추진해 온 스마트화의 방향과 크게 다르지 않다는 것을 다시 한번 확인할 수 있었다. 하지만 GE의 산업인터넷 플랫폼 전략은 지금까지 포스코가 생각하고 있던 것보다 상당히 발전되어 그동안 우리가 미처 생각하지 못했던 부분은 최대한 빨리 배워야 한다는 공감대가 형성되었다. 우리가 그동안 제조 공장에만 집중하여 4차 산업혁명에 필요한 분석 기술과 환경을 구축하려 했다면, GE는 자신들의 플랫폼 중심으로 에너지, 철도 운송, 발전, 건설 등 전 산업을 마치 장난감 레고 블록처럼 끼워서 쓸 수 있는 큰 판으로 만들고 있었다.

또한, 포스코 스마트화를 구체적인 현실로 만들어 내는 능력을 보강하기 위해서는 지멘스의 스마트 팩토리 전략을 우리의 것으로 녹여야 한다는 것이다. 지멘스는 4차 산업혁명을 준비하는데 실행 속도는 비록 더디지만 매우 구체적인 모습으로 구현해 나가고 있다.

IoT, 디지털 트윈, 빅데이터 등의 기술을 생산 현장에 적용하여 생산성과 수익 모두를 만들어 낼 수 있는 강력한 실행력은 지금까지 어느 누구도 따라올 수 없는 지멘스만의 산업 경쟁력이다.

마지막으로 스마트화를 단순 유행으로 생각해서는 안 되고 포스코 스마트화의 마지막 단계인 Smart Solution이 시장에 확산되어 경제적 가치를 창출하고 반드시 수익으로 연결되어야 한다는 데 공감하였다. 이를 실행하기 위해 포항, 광양에 확산 중인 스마트 팩토리의 핵심 분석 플랫폼인 PosFrame을 그룹사로 확산하여 기존 단순 제품만을 팔던 건설, 에너지, 유통 등의 비즈니스 영역에서도 PosFrame을 활용하여 데이터 분석 기술을 제공할 수 있도록 Smart Solution을 확대 적용하는 방안을 수립한다.

2017년 4월에 CEO 직속의 미래성장위원회가 만들어지고 GE와 지멘스와 같은 외부의 전략을 우리 식으로 수용하고 더욱 확장하여 제품과 기술을 결합한 Smart Solution을 적극적으로 준비하고 있다.

포스코 각 그룹사 대표들이 각 스마트 분과 장을 역임하여 매 분기 Smart Solution의 방향과 각 사의 진행 내용을 CEO 앞에서 점검을 받는다. 중요한 것은 Smartization에서 만들어진 기술과 노하우를 신사업 모델로 만들어가고 있다는 사실이다. 신사업 모델은 크게 두 가지 형태로 나뉜다. 하나는 철강 제품을 고객에게 판매할 때 그 제품의 가치를 높이기 위해 데이터 분석 서비스를 결합하여 제공하는 형태이고, 다른 하나는 에너지, 건설 등 철강 이외의 산업에 관한 품질 예측과 공정 관리를 데이터로 분석할 수 있는 Apps를 제공하는 것이다. 이 두 가지 형태로 만들어지는 솔루션을 시장에 판매하기 위한 노력을 그룹사가 함께 노력하고 있다. 이전에는 각 회사의 업무 특성상 함께 솔루션을 판다는 것이 힘들다는 의견이 대부분이었지만 앞으로는 뭉치지 않으면 모두 살아남을 수 없다는 공감대가 형성된 것이다. 건설의 경우 시공 설계 시 오류와 실패를 방지하기 위해 기존 2D 설계를 PosFrame 활용한 3D 설계로 전환하여 다양한 관점에서 시공 프로세스를 관리하고자 한다. 또한, 아파트 및 빌딩에 IoT 기술을 적용하여 난방 에너지 절감 및 하자 보수를 스스로 판단하고 해결할 수 있는 기술을 솔루션화 하려 한다.

  에너지 분야는 화력 발전소 내 터빈의 최적 회전 관리, 고장 에지와 정비를 위한 데이터 모델을 개발하고 솔루션화 중이다. 가스터빈, 스팀터빈 등 각종 터빈의 효율적 관리를 위해 기존 제작사에서 제공하는 성능 관리 수준을 뛰어넘어 PosFrame을 통한 새로운 관리 방법 및 성능 예측 모델을 개발하여 파일럿으로 일부 공장에 적용하였다. 그 결과 에너지 생산성 측면에서 30% 이상 성능 개선을 하게 되어 향후 솔루션으로 나올 경우 시장 경쟁력이 상당히 클 것으로 기대하고 있다. 이와 더불어 미래성장위원회에서는 4차 산업혁명 글로벌 리더인 GE와 지멘스와 협력하여 새로운 솔루션을 만들기 위해 노력하고 있다. 예를 들어 포스코의 PosFrame 분석 플랫폼은 철강과 같은 프로세스 산업에서 아주 우수한 성능을 가지고 있는 장점이 있다. 즉, 쇳물이 고로에서 만들어져 압연이라는 최종 단계까지 거치는 동안 철강 반제품은 마치 빨리 흘러가는 물처럼 조업 라인 위를 지나간다. 이때 각 라인에 세워져 있는 설비에서 발생하는 정보를 실시간으로 수집하여 분석할 수 있는 기술은 GE나 지멘스도 아직 가지고 있지 않다. 따라서 포스코가 실시간으로 발생하는 대량의 데이터를 수집하고 처리할 수 있는 기술과 GE나 지멘스가 가지고 있는 제조관리 Apps 기술을 결합하여 새로운 솔루션을 개발하려 한다. 구체적으로 PosFrame과 선진사의 플랫폼을 연결하여 설비에서의 데이터 수집과 정제는 PosFrame에서 하고 엔지니어들의 설비 주기, 고장 관리, 품질을 향상시키는 데이터 분석은 그들의 Apps를 활용할 수 있는 솔루션을 개발할 예정이다. 이와 반대로 어떠한 종류의 설비 장치에서도 데이터가 수집이 가능한 GE의 데이터 연결 및 수집 플랫폼에 포스코의 설비 진단과 예측 기술이 담겨 있는 Apps를 탑재하려는 시도도 하고 있다. 예를 들어 GE의 프레딕스Predix 플랫폼 위에, 제품이 고속으로 생산 진행되는 동안 정확한 길이와 폭을 알아내고, 표면에 불량까지 찾아낼 수 있는

Apps를 포스코가 만들어 탑재함으로써 GE의 고객사들도 우리의 기술을 사용할 수 있도록 하려는 것이다.

또한, 미래성장위원회에서는 디지털 기술과 비즈니스 도메인 모두를 잘 이해할 수 있는 4차 산업형 인재를 확보하여 회사가 추구하는 스마트한 기업 문화가 되기 위해 노력한다. 이를 Smart Culture Transformation 전략이라고 한다. GE처럼 세계 각지에 스마트 인재를 영입하여 단시간에 기업이 변신할 수 있는 방법도 있지만, 포스코는 지멘스와 같이 내부의 비즈니스와 사정을 가장 잘 이해하고 있는 인재를 디지털 기술로 무장시켜 조직의 문화를 변화시키려 노력하고 있다. 이를 위해 기존에 운영하고 있던 회사의 글로벌 인재 육성 정책에 4차 산업혁명에 적합한 스마트 인재 요건을 추가하여 AI, 빅데이터 등의 전문 과정을 신설하고 집중적으로 교육하여 스마트 인재를 양성하고 있다. 2017년 5월에 전체 그룹사에서 AI 전문가 후보 30명을 최종 선발하여 포항공대에서 AI 교육을 진행하고 있으며, 2019년까지 스마트 인재 100명 이상을 확보하는 것을 목표로 하고 있다.

다음으로 실행력 있는 조직 운영 체계를 만들기 위해 기존 프로젝트 수행자들은 필수적으로 GE 디지털 센터를 방문하고 실리콘밸리식의 스마트업 문화를 직접 체험하도록 하고 있다. 또한, 신규 프로젝트 발굴부터 실행까지 사외 스마트 전문가와 협업하여 기술의 활용 수준을 높이려 한다. 또한, 성과는 철저히 관리하여 Smartization에 기여할 수 있다고 판단할 경우 성과를 낸 금액의 10%을 돌려주는 보상 제도를 운영하고 있으며, 만약 성과가 미약하다고 판단될 경우 과감히 드롭하도록 제도화하고 있다.

마지막으로 전 직원이 4차 산업혁명이라는 새로운 변화의 필요성과 방향을 충분히 공감하여 회사에서 하고 있는 모든 일상 업무가 Smartization이라는 큰 방향을 따라갈 수 있도록 홍보 및 교육을 제공하고 있다. 2017년 상반기까지 팀장, 부장, 임원 800여 명이 AI 및 포스코 스마트화 교육을 이수하였다. 2018년 초까지 일반 직원들도 포항공대에서 주관하는 교육에 참여하여 교육을 받을 예정이다. 또한, 직원 누구나 아이디어를 가지고 원할 때는 언제든지 스마트 프로젝트를 만들어 추진할 수 있는 제도도 함께 제공하고 있다.

1990년대 말부터 포스코는 전사 차원의 혁신을 3번에 걸쳐 진행하면서 양적 질적으로 많은 변화를 보였다. 조직과 프로세스, 공정 기술, IT 인프라 등 포스코는 양적 규모를 제외하고는 세계 최고의 철강업체라는 데에는 이견이 없다. 외부에서 포스코를 한마디로 '성장과 혁신'이라고 표현하는 이유이기도 하다. 철강 전문 분석기관 WSD_{World Steel Dynamics} 나 포춘지 등 국내외 주요 기관 역시 포스코를 세계 최고의 경쟁력을 갖춘 회사로 꼽는 데 주저하지 않는다. 그러한 포스코가 다시 4번째 혁신을 진행하고 있다. 지금 글로벌 경기가 좋지 않음에도 불구하고 CEO까지 직접 나서서 사활을 걸고 스마트화를 추진하고 있는 이유는 지금까지 포스코는 세계 최고의 철강 경쟁력을 가지고 있지만, 곧 다가올 4차 산업혁명 시대에는 우리의 경쟁력이 한순간에 결점으로 바뀌거나 경쟁력이 사라질 수도 있다는 위기감을 가지고 있기 때문이다. 또한, 혁신을 추구하는 방법도 이전과는 전혀 다르다. 전통적으로 포스코가 혁신하던 대상인 제품과 프로세스에 국한하지 않고 외부의 신기술을 적극 도입하여 포스코 전체를 디지털화하려 하고 있다. 한마디로 Digital Transformation 이다. 50년 동안 철만 생산하여 팔던 회사가 소프트웨어를 파는 디지털 회사로 변신하고 있는 것이다. 또한, 그동안 우리의 재산으로 생각하고 있던 기술까지도 상품화하여 제품과 함께 팔려 하고 있다. 이는 우리만의 생각이 아니다 147년 동안 에너지 발전, 철도, 운송 등에서 사업을 하던 GE도 디지털 회사로 변신하고 있고, 독일 제조업의 자존심인 지멘스도 설비나 장치를 사람처럼 건강 관리할 수 있는 소프트웨어를 파는 회사로 탈바꿈하고 있다. 그만큼 4차 산업혁명은 제조 산업의 판을 완전히 뒤바꿀 만큼 변화의 폭이 상당히 크다. 따라서 이러한 시대를 먼저 준비하는 회사는 새로운 판의 주인공이 될 것이고, 그렇지 못한다면 업 자체가 사라질 수도 있는 엄청난 충격이 올 것이다.

맺음말

4차 산업혁명은 국가적 숙제로 해결해야 한다.

지금까지 4차 산업혁명의 의미와 필요성에 대해 살펴보았다. 현재 미국은 산업인터넷IIOT, 중국은 인터넷플러스Internet+, 일본은 로봇 신전략 등 선진국들은 4차 산업혁명이라는 말 대신 자국의 미래 전략을 다른 용어로 사용하고 있지만, 새로운 경제성장의 판을 만들기 위한 준비를 한다는 측면에서는 동일한 의미로 해석할 수 있다. 이러한 새로운 판을 미국 진영에서는 GE, 독일 진영에서는 지멘스라는 대표주자가 문제를 정의하고 확산시키려는 전략도 살펴보았다. 대한민국의 경우 지금까지 제조 산업에서는 포스코가 대표주자이다. 대표주자의 기준은 여러 가지가 있겠지만 우리의 생활에 직접적인 영향을 주는 경제성장 측면에서 봤을 때 생산비용 구조의 획기적 개선 방법과 기술을 가지고 있는지 없는지를 보고 판단할 수 있을 것이다. 정보통신 기술을 근간으로 한 3차 산업혁명에서는 기술 혁신의 초점이 생산 동력 수준까지 내려가지 못하였다. 왜냐하면, 디지털 기술의 수준과 기술 간 융합의 한계로 산업의 생산 메커니즘을 근본적으로 바꿀 수는 없었기 때문이다. 대부분 2차 산업혁명 시기 이후 구축된 플랫폼 위에서 문제를 풀 수밖에 없었다. 예를 들어 항공 산업의 경우 1952년 영국 상업용 제트 여객기 '드 하빌랜드 코멧de Havilland Comet' 취항 이후 약 65년이 지난 지금까지도 기술의 발명 측면에서 획기적인 모습을 보이고 있지 않으며, 자동차 산업의 경우 1960년대 중반 지금의 전자 제어 가솔린 분사 방식의 자동차가 첫선을 보인 후 속도나 디자인의 면에서의 개선된 모습을 제외하고는 크게 달라진 것이 없다. 이는 그동안 해당 산업에서 시대적인 발명이 없었고 생산 동력을 획기적으로 바꾸지 못했기 때문에 매번 기능이 추가되거나 디자인이 바뀌면 제품의 가격은 오를 수밖에 없는 비효율적인 생산 패러다임을 우리는 받아들일 수밖에 없었다.

더군다나 30년 전부터 이미 발명의 시대에서 융합의 시대로 패러다임이 바뀌었지만 이 융합 기술이 산업의 새로운 에너지원으로 작용하지 못했다는 점은 우리 모두 깊이 생각해 보아야 할 것이다. 여러 전문가들이 4차 산업혁명이란 용어에 학술적인 근거가 부족하다거나 최근의 IT 기술 발전이 우리 사회와 경제면에서는 큰 변혁을 이끌어 내주지 못하고 있다는 등 회의적인 견해를 보이는 것도 같은 이유에서 일 것이다.

하지만 새로운 산업혁명 시기의 핵심 기술 중의 하나인 인공지능 기술을 중심으로 한 융합 기술은 이미 인간의 단순 지식 노동을 대체할 수 있는 수준이 되었다. 또한, 생산 현장에서는 그동안 인간이 프로그래밍한 것 이외에는 어떤 것도 할 수 없었던 기계 장치들이 스스로 생각하여 인간과 대화하며 문제를 풀어갈 수 있는 가능성을 보여주고 있다. 이러한 기술적 변화의 기대는 제조 산업의 판을 획기적으로 바꿀 것으로 보고 있다. 지금까지 생산 현장의 경쟁력은 누가 고장 없는 강건한 설비 장치를 많이 확보하느냐에 달려 있었다. 그러다 보니 완성 제품은 설비 장치에 종속적일 수밖에 없었다. 가격 경쟁력을 위해 더욱 많은 제품을 만들고 싶어도 설비 부하 능력을 고려하여 항상 100%보다 못 미치게 가동할 수밖에 없었고, 고객의 요구에 충족할 수 있는 다양한 제품을 만들고 싶어도 생산 라인의 변경이 어려웠다. 만약 다양한 제품을 위한 추가 설비 레이아웃을 고려하더라도 제조원가의 상승으로 이어지는 비효율적인 생산 구조를 가진다. 하지만 설비 장치를 똑똑하게 만들면 엔지니어들은 더 이상 설비 장치의 고장 진단과 같은 소모적인 일에 지치지 않아도 될 것이다. 제품 중심으로 설비 장치들이 최상의 컨디션에서 생산을 위한 노력을 하게 될 것이고, 엔지니어들은 최종 제품에만 집중할 수 있어 다양한 고객의 기호를 모두 충족하되 적시에 공급할 수 있는 방법과 같은 전략적 업무 영역에 자신의 역량을 더욱 넓혀갈 수 있을 것이다. 이는 고객에게 직접적인 혜택이 갈 수 있는 고부가가치 업무에 해당된다. 지멘스가 독일 암베르크에 선보이고 있는 미래 생산 공장이 바로 그러한 모습이다. 자동차, 전자제품, 항공산업 등 부품 소재를 결합하여 완제품을 생산하는 이산형 조립 산업 Discrete Industry 은 모두 이에 해당하는 것으로 향후 5년 내에 이산형 조립 산업의 30%가 설비 중심에서 제품 중심의 지능형 공장으로 바뀔 것으로 기대하고 있다. 반면 같은 제조 산업이지만 특징이 다른 프로세스 산업 Process Industry 의 경우 최초 투입된 원료에 수많은 물성치를 변형시키면 중간이 끊김 없이 최종 제품을 만드는 방식이며 철강, 화학, 제약, 화장품 등이 해당된다. 따라서 중간에 생산 라인을 변경하거나 설비를 쉽게 바꾸는 것이 불가능하다. 하지만 프로세스 산업의 경우도 제품 중심으로 생산 환경이 변화될 것이다. 기존에는 생산 가동 중에 반제품에 문제가 생겨도 쉽게 설비를 멈출 수가 없는 구조였고, 문제가 심각하여 설비를 일시 정지한다고 해도 일차적으로 해당 공정을 의심하고 조사를 하다가 전 공정, 전전 공정 등으로 추적해 나갈 수밖에 없었다. 그러다 보면 시간과 노력이 상당히 비효율적일 수밖에 없었다. 하지만 지금 포스코가 진행하고 있는 Smartization 환경에서는 나비 효과처럼 문제가 일으킬 만한 소지를 사전에 찾아 스스로 해당 설비 장치에서 컨트롤함으로써 후공정에서의 치명적인 문제 발생 소지를 미연에 방지할 수 있다. 이러한 변화는 아직까지 아날로그 환경이 상당수 녹아 있는 프로세스 산업도 머지않아 디지털화되어 완전히 컨트롤이 가능할 것이라는 의미이다.

이러한 4차 산업혁명은 우리에게 오고 있는 것이 아니라 이미 우리 머리 위에 와 있고 점차 앞으로 가고 있는 것이다. 만약 우리가 미래로 가고 있는 새로운 판에 올라타지 못한다면 아마 4차 산업혁명은 거품이었고 현실로 오지 않았다고 회의할 수도 있을 것이다. 따라서 나는 조심스럽게 4차 산업혁명이라는 새로운 판에 올라타기 위한 3가지 제언을 하고자 한다.

우선, 미국이나 독일과 같이 국가적 차원에서 4차 산업혁명을 준비해야 한다. 우리가 살고 있는 시장 경제 안에는 모든 산업이 거미줄처럼 얽혀 있다. 따라서 어느 특정 산업 또는 특정 주체만 4차 산업형 플랫폼을 갖추었다고 경제적 효과를 크게 기대할 수 없는 복잡한 생태계이다. 예를 들어 모바일 산업의 경우 매년 반도체 가격이 낮아지고 있다면서도 새로운 디자인 또는 기능이 탑재되면 어김없이 제품 가격이 올라갈 수밖에 없는 구조나, 제철회사가 공급하는 자동차 철판 가격은 계속 낮아지고 있지만 신형 모델이라는 이름 아래 엔진 성능, 편의시설 등이 업그레이드될 경우 자동차 가격이 몇백만 원에서 몇천만 원까지 올라갈 수밖에 없는 구조 역시 제품 밸류 체인상에 어디에선가 아직 제조원가를 지속 상승시키는 기존 판이 돌아가고 있다고 판단할 수밖에 없다. 따라서 4차 산업혁명을 이끌어 국가 경제적 시너지를 만들어 내기 위해서는 범정부 차원의 포트폴리오 전략을 세우고 전체 산업에 골고루 확산시켜 규모의 경제를 만들어 내야 할 것이다.

다음으로는 산업별 생산 주체들은 4차 산업혁명을 단순 리모델링으로 아닌 재건축의 개념으로 접근하고 추진해야 한다. 예를 들어 30년이 넘은 아파트를 리모델링할 경우 내부는 그럴듯하고 현대식으로 보일지 몰라도 건물 하부 깊숙이 매설되어 있는 노후화된 전기 인프라 또는 상수도 시설로 인해 유지관리 비용이 일정 이하로 내려갈 수 없는 것과 같은 상황이다. 따라서 제대로 4차 산업혁명을 개척하고 수행해 나가기 위해서는 생산에 들어가는 모든 비용을 낮추고 바꿀 수 있는 현장 재건축의 설계도를 만들어야 할 것이다. 이 설계 안에는 우선 현장에서 발생한 모든 데이터가 자유롭게 이동할 수 있는 통신 네트워크 인프라가 매설되어 있어야 할 것이고, 다음으로 수집된 고속의 데이터를 실시간으로 분석하고 컨트롤할 수 있는 프로세스가 모든 설비들 간에 연결되어야 한다.

마지막으로 앞으로는 제품이 주인공이 되어 그 제품이 거쳐 온 모든 생산 공정의 디지털 정보들이 따라다니게 되어 가상의 디지털 공간에서도 언제든지 재현이 가능한 환경 디지털 트윈이 되도록 해야 할 것이다.

끝으로 4차 산업혁명으로 바뀔 노동 인력 및 인재 양성에 대한 사고 프레임을 좀 더 다양하게 바라봐야 한다. 인공지능이 우리가 몸담고 있는 경제, 사회에서의 인력 시장을 축소시킬 것이라는 일방적인 사고는 인공지능의 무한한 가능성에 비춰 봤을 때 더 이상 새로운 문제를 만들어 낼 수 없도록 스스로의 사고를 차단해 버릴 수도 있다. 왜냐하면, 이를 해결하기 위해서는 인공지능을 도입하지 말거나 도입하더라도 인간의 영역에 침범할 수 있는 강한 규제를 가하는 것밖에는 답이 없기 때문이다. 따라서 우리는 4차 산업혁명이 노동의 일자리를 뺏는 것이 아니라 새롭게 변화시킨다고 가정해야 할 것이다. 과거 내연기관이 힘의 노동 패러다임을 변화시켜 육체노동을 하던 근로자들이 정신노동 시장으로 이동하여 지금의 경제를 발전시켜온 것은 누구나 인정하는 사실이다. 따라서 새로운 판에서도 또 다른 정신노동 시장의 형태가 생겨날 것이고 새로운 기술에 대체되는 노동 인력들은 변화된 정신노동 시장으로 옮겨 갈 것이다. 이러한 패러다임의 변화는 우리에게 새로운 문제 정의력을 요구한다. 즉, 과연 새롭게 생겨날 정신노동 시장은 무엇이며 그 시장 안에서 요구되는 역량을 어떻게 양성해야 하는지 문제 정의부터 다시 해야 할 것이다.

[참고문헌]

[1] 4차 산업은 기획력이 핵심이다

1. Toshiba in Crisis After Failed Nuclear Gamble, http://www.nippon.com, 2017.2
2. Toshiba Casts Doubt on Its Ability to Stay in Business, The New York Times, 2017.4
3. Toshiba faces daunting future after sale of computer chip operations, CTV News, 2017.4
4. 이창양 <KAIST 교수>, 4차 산업혁명? 경제자유도부터 높여라, 한국경제, 2017.2
5. 김종현, 영국 산업혁명의 재조명, 서울대학교출판문화원, 2013.6
6. Real GDP growth of the United States from 1990 to 2016, statista
7. 남이가지 않는 곳 걷는 '창조적 과학자'가 돼라, 154~157p, 중앙시사매거진, 2016.12
8. "Finland and Nokia: Creating the World´s Most Competitive Economy" by Örjan, HBS, 2011.3
9. 클레이튼 M. 크리스텐슨, 혁신기업의 딜레마, 세종서적, 2009.6월
10. Electrical engineering employment declines nearly 10%, but developers up 12%, IDG, 2015.3
11. Outsourcing U.S. Manufacturing and Electronics Jobs, UNITED STATES DEPARTMENT OF LABOR
12. Jeff Immelt: GE is on track to become a 'top 10 software company', BUSINESS INSIDER, 2015.9
13. Inside GE's Transformation, HBR, 2017.10
14. Siemens - Vision 2020, 전략보고서, 2014.5
15. 제레미 리프킨, 한계비용 제로사회, 민음사, 2014.9
16. 4차 산업혁명을 대비한 주요국의 혁신정책, 과학기술정책연구권, 2017
17. 4차 산업혁명을 준비하는 주요국의 표준정책 분석 및 시사점, KSA한국표준협회, 2017.5
18. 주요국 제4차 산업혁명 추진 전략 동향, 전자통신동향분석, 2017.4
19. 마이클 포터의 경쟁우위, 21세기북스, 2008
20. 마이클 포터의 경쟁전략, 21세기북스, 2008
21. 제임스 데이터, 다가오는 미래, 예문, 2008.1
22. 최연구, 미래를 예측하는 힘, 살림출판사, 2009.7
23. 엔론 머스크, 우리가 세우고 뚫는 미래, TED, 2017
24. Elon Musk has ambitious plans for his tunneling company, BUSINESS INSIDER, 2017

[2] 미래 동향에 대한 확고한 지론이 필요하다

1. 요시자와준토쿠, 생각정리를 위한 프레임워크의 기술 50, 생각정리연구소, 2017
2. 니시무라 가쓰미, 기획의 프레임이 바뀌는 전략사고, 위즈덤하우스, 2009
3. 김재호, 창의적 기획법, 이코북, 2009
4. 피터 카페지오, 기획 실행의 기술, 포북, 2014
5. 로버트 브래드포트, 전략기획 노트, 비즈니스북스, 2005
6. 엘빈 토플러, 제3의 물결, 홍신문화사, 2006
7. 김상배, 정보화시대의 표준경쟁, 한울, 2007
8. Timeline of Computer History, http://www.computerhistory.org
9. Michael S. Mahoney, The History of Computing in the History of Technology, Annals of the History of Computing 10, p13-125, 1988
10. Cohen, I.Bernard, Revolutions in Science, Harvard University Press, 1986

11. Hurni, Melvin L, Decision Making in the Age of Automation, Harvard Business Review 34, pp. 49-58, 1955

12. 사물인터넷(IoT):현재와 미래, Hewlett Packard, 2016

13. 케빈 애슈턴, 창조의 탄생, 비즈니스출판, 2015

14. 일본 닛케이 트렌디, 2016년 TREND EXPO TOKYO 전시회

15. 헬스케어 산업의 사물인터넷 적용 동향과 전망, 보건산업브리프, 한국보건산업진흥원, 2014

16. Forecast: The Internet of Things, Gartner, 2013,

17. IoT 시장의 허와 실: 실제 창출되는 시장과 국내 환경에 따른 기회, KT 경제경영연구소, 2014.8

18. 사물인터넷 적용분야 및 향후 추진방향, 한국전자통신연구원, 2014.3

19. 사물인터넷(IoT)의 시장 정책동향 분석, 한국인터넷진흥원, 2011

20. 김영관, 스마트홈(홈IoT) 생태계 6대 구성요소, KT경제경영연구소, 2014.11

21. [빅데이터로 보는 경제]"의사결정도 빅데이터로 하는 시대다", 중앙일보, 2015.10

22. 토머스 H. 데이븐포트, 분석으로 경쟁하라, 21세기북스, 2011.4

23. 이동현, 데이븐포트 교수의 핵심이론, 조선경제, 2009.6

24. DJ 파틸 "기술은 모든 사람에게 이익이 되어야", 경향비즈, 2017.6

25. 마틴 린드스트롬, 스몰데이터, 로드북, 2017.7

26. 에어비앤비·스타벅스·소닉이 말하는 '빅데이터 성공 비밀', www.CIOKorea.com

27. 김민식, 빅데이터 성공을 이끄는 스몰데이터의 저력, www.SWIT.co.kr

28. 마쓰오 유타카, 인공지능과 딥러닝, 동아엠앤비, 2014.3

29. 김의중, 인공지능, 딥러닝 입문, 위키북스, 2016.7

30. 마쓰오 유타카, 인공지능과 딥러닝, 동아엠앤비, 2016.7

31. 마이클 네그네빗스키, 인공지능 개론, 한빛아카데미, 2014.7

32. 블레이 휘트비, 인공지능, 유토피아, 2007.9

한계비용 제로를 목표로 하는 전략 추구

1. 제레미 리프킨, 소유의 종말, 민음사, 2009.5

2. 제레미 리프킨, 3차 산업혁명, 민음사, 2012.5

3. TESLA FIRMWARE UPDATE, WWW.teslarati.com

4. 테슬라의 스마트 기술 7가지, 매거진캐스트

[3] 새로운 판을 만들어서 새로운 문제를 만들어 내는 기업(GE)

1. GE Annual Report, https://www.ge.com, 2015, 2016

2. Gartner Top 10 Strategic Technology Trends for 2015, 2016, 2017, 2018

3. The Industrial Internet of Things (IIoT): the business guide to Industrial IoT , https://www.i-scoop.eu

4. 김병운, 최병철, Industrial IoT 시장전망 및 생태계 조성 동향, 미래전략기술 특집, 2017.4

5. Wan, Jiafu, Industrial Iot Technologies and Applications: International Conference, Industrial Iot 2016

6. Weber, Austin, GE 'predix' the future of manufacturing, Assembly Journal, 2017.3

7. Predix Applications, https://www.ge.com

8. Social Media & Mobile Apps, http://www.geindustrial.com

9. GE's 'app store' for industry, FINANCIAL TIMES, 2015.10
10. Asset Performance Management, https://www.ge.com
11. GE Digital Releases Comprehensive APM Solution to Help Industrial Companies Reduce Unplanned Downtime, http://www.genewsroom.com
12. 조원우, 4차 산업혁명 시대와 GE의 글로벌 전략, 국회 4차산업혁명포럼 퓨처스아카데미, 2017.8
13. What is a Digital Twin?, https://www.ge.com
14. 디지털 트윈 활용, IT Knowledge sharing channel, 2017,10
15. 4차 산업혁명을 향한 CAE의 진화 디지털 트윈(Digital Twin), 에너지경제, 2017.11
16. 가트너 선정 2017년 10대 기술 트렌드 '디지털 트윈', GE리포트코리아, 2017.2
17. About GE Store, GE리포트코리아
18. The GE Store for Technology, GE의 미래기술 리스트, 2016
19. How the GE Store is Promoting Horizontal Teams in Africa, GE REPORTS, 2016.6
20. 천성현, 글로벌 기업의 디지털 인재확보 전략, 포스코경영연구소, 2017.1
21. GE 리더십: 인재/리더를 키우는 기업 문화, GE KOREA Blog, 2016.2
22. 램 차란 외, GE 인재양성 프로그램GE 인재양성 프로그램, 미래의 창, 2004.12
23. 심재우, GE의 핵심인재는 어떻게 단련되는가, 스마트비즈니스, 2006.8
24. 나카다 아쓰시, 기업의 미래 GE에서 찾다, 페이퍼로드, 2017.12

[4] 기존 인프라를 4차 산업혁명에 최대한 활용하는 기업(Siemens)

1. 독일 경제를 이끄는 글로벌 파워하우스, 포스코경영연구소, 2015.4
2. 인더스트리4.0에서 서비스혁신과 스마트한분석, http://www.sciencedirect.com
3. 박예진, Siemens가 추진하는 '스마트 팩토리', 포스코경영연구소, 2016.12
4. Jay Lee, Edzel Lapira, Recent advances and trends in predictive manufacturing systems in big data environment, ELSEVIER Manufacturing Letters Volume 1, 2013.10,
5. Jay Lee, Behrad Bagheri, A Cyber-Physical Systems architecture for Industry 4.0-based manufacturing system, ELSEVIER Manufacturing Letters 3, 2015
6. MindSphere Whitepaper, https://www..siemens.com, 2016

4차 산업혁명
미래전략보고서

초판 1쇄 인쇄   2018년 1월 26일
초판 1쇄 발행   2018년 1월 31일

저자	김민규
펴낸이	박정태
편집이사	이명수 감수교정 정하경
편집부	김동서, 위가연, 이정주
마케팅	조화묵, 박명준, 최지성 온라인마케팅 박용대
경영지원	최윤숙
펴낸곳	북스타
출판등록	2006. 9. 8 제313-2006-000198호
주소	파주시 파주출판문화도시 광인사길 161 광문각 B/D
전화	031-955-8787 팩스 031-955-3730
E-mail	kwangmk7@hanmail.net
홈페이지	www.kwangmoonkag.co.kr
ISBN	979-11-88768-02-8 13320
가격	16,000원

이 책의 무단전재 또는 복제행위는 저작권법 제97조5항에 의거
5년 이하의 징역 또는 5,000만 원 이하의 벌금에 처하게 됩니다.

저자와의 협약으로 인지를 생략합니다.
잘못된 책은 구입한 서점에서 바꾸어 드립니다.